谨以此书

纪念陈金鳌先生（1899—1971）

逝世五十周年

人文武术精品书系

勿使前辈之遗珍失于我手

勿使国术之精神止于我身

陳金鰲傳陳式太極拳

暨手抄陈鑫老谱

陈金鳌◎编著
陈凤英 辛爱民◎收藏
吴颖锋 薛奇英◎点校

北京科学技术出版社

图书在版编目（CIP）数据

陈金鳌传陈式太极拳暨手抄陈鑫老谱 / 陈金鳌编著；吴颖锋，薛奇英点校．— 北京：北京科学技术出版社，2021.10

ISBN 978-7-5714-1686-7

Ⅰ．①陈… Ⅱ．①陈… ②吴… ③薛… Ⅲ．①陈式太极拳－套路（武术）Ⅳ．① G852.111.9

中国版本图书馆 CIP 数据核字 (2021) 第 143082 号

策划编辑：王跃平
责任编辑：苑博洋
责任校对：贾　荣
责任印制：张　良
封面设计：何　瑛
版式设计：何　瑛
出 版 人：曾庆宇
出版发行：北京科学技术出版社
社　　址：北京西直门南大街 16 号
邮政编码：100035
电　　话：0086-10-66135495（总编室）
　　　　　0086-10-66113227（发行部）
网　　址：www.bkydw.cn
印　　刷：北京宝隆世纪印刷有限公司
开　　本：787 mm × 1092 mm　1/16
字　　数：208 千字
印　　张：15
版　　次：2021 年 10 月第 1 版
印　　次：2021 年 10 月第 1 次印刷
ISBN 978-7-5714-1686-7

定　　价：168.00 元

编者的话

陈凤英是我的师姑，1936 年 8 月 28 日出生于河南温县陈家沟，是太极拳发源地河南温县陈家沟嫡宗第十九代传人，当代陈式太极拳名家，被中国温县国际太极拳年会评为太极拳大师。

2007 年春节期间，陈凤英师姑让我帮助她整理一下其伯父陈金鳌先生的手稿，看看是否可以出版。那时我与她同任西安陈氏太极拳研究会[①]副会长。不久后，我应邀来到陈凤英师姑家里。师姑从箱子里取出一个布包给我，打开一看是两本资料，一本较厚，一本较薄，师姑说是陈金鳌老先生留下来的，她也不知道有什么价值，但觉得这是老人的心血，应该帮其整理出版，算是给老人一个交代。我看了看，发现较厚的那本，是一个复印本，用小楷毛笔书写，主要讲述陈式太极拳一路拳理拳法；较薄的一本是原本，用钢笔书写，主要讲述陈式太极拳二路。翻到较厚的复印本时，我立刻想起来两三年前，我曾在陈凤英师姑的一个徒弟家里见过原稿，而且还逐页照过相，当时还是用彩色胶卷照相。

---

① 本书统一使用“陈式太极拳”这一拳种名称，但一些机构名称、书名中固定使用的“陈氏太极拳”，仍保留其原有用法。

接到手稿后，我迅速开始整理。首先要做的是将第一本（小楷版）手稿内容输入到电脑里面。这是一件辛苦的工作，要将墨迹斑斑的手抄本整理出来，还要在我原先照的原版照片和现持的复印件之间反复比对，好在我夫人薛奇英给了我很大的帮助。每有闲暇，她就主动做录入的工作，随后由我点校。较难的是对第二本（钢笔版）的整理。由于岁月久远，这本手稿纸质已经变黄发脆，一碰就会掉渣，稍有不慎就会大片脱落。另外，这本手稿是用钢笔书写的，因为墨水质量较差，很多文字都已褪色而难以识别。为了保护这本珍贵的手稿，我先将其用扫描仪扫描下来，再使用图像软件处理，尽量还原字迹。有时实在无法通过电脑辨认，就戴上手套查阅原手稿，就像考古专家保护文物那样认真仔细，尽量减少汗液对原稿的腐蚀。

在点校整理的过程中，我惊奇地发现，小楷版竟是陈氏太极拳一代宗师陈鑫所著的《太极拳图画讲义》（后被编为《陈氏太极拳图说》四卷）原稿的手抄本！根据有二：

其一，陈金鳌在其小楷手抄本的前言中写道："吾祖父陈鑫，字品三，用十有余年之精神，造此一路，流传后人去练，或有其人奉行于后乎。"在结尾处标明："重录时在一九五九年六月二十一日成本。"说明是陈金鳌于 1959 年 6 月 21 日重新抄录了陈鑫原稿。

其二，此稿与陈照丕在《陈氏太极拳汇宗》中所转载的陈鑫原稿相似度极高，但与现今流传的《陈氏太极拳图说》有较大区别，后者是陈鑫老先生过世后，其 5 位后人编辑而成，陈金鳌就是其中之一。

此稿与《陈氏太极拳汇宗》中所载原稿绝大多数段落几乎完全相同，两者相差的部分是整个段落的增删。对比两者，即可还原陈鑫创作时不断完善的过程。两者加起来更可让读者完整还原出陈鑫《陈氏太极拳图说》的原始面目。

陈鑫所著的《陈氏太极拳图说》被奉为陈式太极拳的宝典，至今在太极拳理论界仍具有难以撼动的地位。该书首版时间为 1933 年，是陈椿元、陈雪元、陈淑贞、陈金鳌、陈绍栋 5 位后人在陈鑫去世 4 年后，在陈鑫原稿的基础上校订而成。至于陈鑫的原稿是什么样子，一直是个谜！此次发现的陈金鳌手稿，则是陈鑫原稿的手抄本，这可能是迄今为止唯一被发现的陈鑫原稿手抄本，弥足珍贵。另外，更难能可贵的是，陈照丕在其《陈氏太极拳汇宗》一书中只转载了陈鑫书稿中的一部分，即《太极拳图画讲义初集拳谱》，含理论部分和前十二个动作详解。而此次公开的陈金鳌手稿完整记录了陈鑫对一路拳完整套路的详解，两者之间的重叠部分又能高度印证其为陈鑫原稿，是极其难得的宝贵资料。

此书的出版，还有其重要的参考价值，对比阅读，能让读者分辨《陈氏太极拳汇宗》一书中的错误。

由于某些原因，陈金鳌没有抄录陈鑫原稿的理论部分，也没有将动作图绘制出来，留下了些许遗憾。但可喜的是，陈金鳌留下了不少亲自示范太极拳的珍贵照片，在本书中首次公开，缺失之处由陈凤英亲自示范弥补，以飨读者。

陈金鳌手抄时，多处出现相同读音的别字，由此可以揣测，当时有人在给他念原文，他在抄录。此书中，依旧使用“劲”而非“精”，可见陈鑫当年的真正用词了。

在整理过程中，我尽量留存原稿的模样，只是对明显的错别字进行纠正，对明显缺失的字词做了补充。原稿中明显的讹误及衍倒之处，采用径改的方式，不再出注，尽量使读者阅读顺畅。我对原稿文字做了断句，加注了标点，同时将繁体字整理成简化字，以便读者消化理解。

整理中，还得到穆小娟、马亚亚、张力三位学生的帮助，在此一并感谢！

吴颖锋

目录

流传后人去练，或有其人奉行于后乎。

颠沛流离，文武兼备
一代宗师陈金鳌

陈金鳌（1899—1971），字文斗，河南省温县陈家沟人氏，陈氏第十八世，陈氏太极拳第九代传人，陈氏太极拳第八代宗师陈垚嫡孙。

陈公生于太极世家，先辈多为名闻遐迩之太极名家高手，尤其是其祖父陈垚和三祖父陈鑫，一武一文，在陈氏后辈至今无人企及。

曾祖父陈仲甡因率村民抗击扰民匪军并诛杀匪军头目“大头王”而名震方圆数百里，被清政府封为武节将军骁骑尉。

祖父陈垚功力深厚，冬不穿棉，夏不露体，其内力能使粘身蚊蝇随之运动，功力收发自如，据说当时方圆无人敢与其较量，其事迹在陈家沟广为流传。有一年，垚老去他岳父家拜年，岳父家一帮小弟兄们听说他会拳，决定试他一下。于是就在他跪下磕头拜年时，几人同时从后面按住他，结果他稍加抖动便将众人弹出。待要离开回家时，有人不服，从后面赶上，伸手从其胯下上揽，结果被垚老从其裆下将手扣住，垚老也未回头，一直向前走，待后面施袭之人忍受不了喊饶，才将其松开，那人被扣住的一只手已发青发黑。大家这才知其厉害。

三祖父陈鑫文武兼修，尤长文章，深研太极拳理，其著作《陈氏太极拳图说》被奉为太极宝典，是今人研习太极理论的基础。陈金鳌深得两位祖父秘传，自幼聪颖灵悟、文武双修，加之刻苦磨砺，日积月累所得甚丰。

祖父陈垚去世后，陈金鳌师从三祖父陈鑫，年至廿岁，其拳架、器械已在村中享有盛名，尤其精通各种器械，深得村中长辈赞许。

其父陈上元练就一对几十斤重的鞭，功夫很好，在家乡黄河桥一带做生意养家糊口。

因陈金鳌参与了陈鑫《陈氏太极拳图说》与《三三六拳谱》的编写，当时国民政府的陈汉林便邀其去河南大学（开封）教学。1928 年，陈金鳌开始在学校教授武术。据其弟子刘九功（1911—1995，温县赵堡乡人）讲，当时所教之人后来大都当了地方官。然好景不长，后来，日本侵略军野蛮践踏中原大地，陈金鳌被迫离开家乡，先后到汉口、宝鸡、西安等地谋生，开始了颠沛流离的艰难岁月。此后他再也没有回过生他养他的陈家沟，直至 1971 年在西安其侄女陈凤英家去世。

在武汉期间，陈金鳌率刘九功等“码头赤手”勇斗黑帮，一时传为美谈。后刘九功决心跟陈金鳌学拳，两人虽为师徒，但因年龄相仿，不分彼此，以兄弟称，为至交好友。

当时在武汉的许多河南人后来都到了陕西宝鸡，1949 年，陈金鳌受刘九功邀请也去了宝鸡，住在宝鸡十里铺，并在十里铺寒家岩蔬菜合作社上班，直至退休。在宝鸡，陈金鳌教了一些徒弟，有刘长庆等人。

1961 年，老伴去世后，陈金鳌孤苦一人，宝鸡一王姓徒弟曾邀请陈去他家住，颐养天年。后来老人还是被侄女陈凤英接到西安。

陈金鳌平素言语不多，性情耿直，刚正不阿，为人谦虚，从不惹事，也极少刻意向人显示其太极神技。

初来西安，陈金鳌在马厂子一道巷租一间房住，房子很小，一个土炕占去大半，另有一小桌、一热水壶。据说常有高人深夜去他的小屋造访，他只能以一杯白开水招待，有人常在深夜听见其屋内的小声絮语。他先在马厂子口摆烟摊卖纸烟，后来还在城煌庙摆过烟摊，卖过菜，勉强维持生计。

西安冬天的早上特别寒冷。有一天早晨，下过雪的地上冻着厚厚的一层冰，从西边走来一位肩背禅杖，赤着双脚，身穿单衣的老年僧人。他在陈金鳌的烟摊前停下脚步，一动不动地站立着。陈金鳌不经心地问了一句："是买烟还是化缘？"

僧人只是不语。

陈金鳌又随口说道："如果不买烟，也不化缘，就请站旁边，别挡做生意。"

僧人还是不语，也不走开。陈金鳌伸手轻拨，想使僧人往旁边站一点。在手刚触及僧人身体时，突然感到一股刚健之力反弹回来。陈金鳌立刻意识到此僧人功力深厚，来者不善，可能是有意试探自己。于是，他赶紧运用内力化解并将其搓动。这位老僧也不甘示弱，陡增内力，想抗解陈的搓力。无奈老僧功力不济，不由自主地在原地转了一圈。一场小小的较量之后，僧人抬起双目，微微一笑，双目流露出钦佩之光，也不言语，向东而去。僧人走后，围观者见僧人立足之处有一深圆坑。众人惊叹此僧功力深厚，更叹陈金鳌一臂能将僧人搓动的内力。陈金鳌见坑，急忙追去，那僧人已无影踪。

在西安，晨练的人有很大一部分在城墙四周。陈金鳌也领着徒弟在城墙根练拳。早晨练拳时，大家总是将脱去的外衣随手挂于树枝上，但陈金鳌却从衣袋取出一颗铁钉，用手指按入树干。每次练完拳，为了安全，避免挂伤别人，总是运气将铁钉按进树干，待第二天用时再徒手拔出。徒弟好奇，也有上去按的，但铁钉却丝毫不进。

有一年夏天，一天晚上，陈金鳌与徒弟从市体育场乘凉回来，走到解放路口，徒弟正问到玉女穿梭之用法，适逢陈金鳌老师心情特别好，指着路中间一个直径 3 米、一人高的岗台对徒弟说："好吧，我就试一试玉女穿梭。"

正在徒弟想着在岗台边怎么打时，只见陈金鳌前脚一点，噌的一声，其身影已然从岗台上飘过，落地悄然无声。徒弟们都是第一次见到轻功，若不是亲眼目睹，真是不太相信的。

一日，陈金鳌无事，到了一徒弟学徒的饭馆，伙计见是陈师到了，围着非要陈师打一遍拳，而且要看太极拳的发劲。陈金鳌推辞不过，只得表演。但见其拳架浑厚缠绵，弹抖脆极，一声震脚，仿佛大地在颤，吸引了众多观看者。二楼一小伙计慌慌张张跑下楼，对老板说："陈师父一震脚，二楼小缸的水都震得哗哗响，墙上直往下落土。"

演示完毕，众人皆叹陈金鳌内力深厚，拳术精湛。从此跟陈金鳌学拳者更多。

陈金鳌收徒特别注重人品，且能因材施教，根据各人资质有计划地教授。教徒时从不收取费用，且能倾其所学。他常常依据人体原理和各人时间，遵循循序渐进的原则，一个动作教成百上千遍，不厌其烦地言传身教，以身示范。

陈金鳌武德高尚，深受人们称赞。他对徒弟们约束也很严：不许与别人比武，不能逞强。陈金鳌闲时也到徒弟家走动。见师父到来，徒弟们总是想多炒几样菜、备酒招待，每逢此景，陈师父总道："家道都不富有，食能裹腹足矣，不可铺张。"

由于得到陈鑫真传，后又参订陈鑫《陈氏太极拳图说》这一精深著作，陈金鳌对拳理十分精通，每式如何走化，对徒弟讲得很清楚。他常讲：练拳应先明理，懂得拳理，自然就进步快。诚如陈鑫所说："学太极拳先学读书，书理明白，学拳自然容易。"受陈鑫影响，陈金鳌特别注重从拳理上理清思路，要求徒弟们涉猎周易、八卦、传统中医原理、阴阳理论、力学、解剖学等，掌握一些基础理论，熟悉人体构成及身体各部位的要害所在，将复杂深奥的太极原理渗透在一招一式、举手投足之中。

西安体育学院教授周稔丰自幼学拳，拳艺精湛，内外皆通。遍访名师，交手时很少有败绩。陈金鳌在宝鸡时，周稔丰访了多次未果。听说陈金鳌来西安后，他又多次造访，并深为陈师的功夫和人品折服，遂拜在陈金鳌门下。

有一次周稔丰问道："长拳被人抱了后腰可以解脱，陈氏太极拳能否解脱？"

陈金鳌笑了笑说："可以试试。"

周稔丰便从后拦腰将陈金鳌抱住，气沉丹田，双手似铁箍一般。只见陈金鳌腰一抖，周稔丰便从其身后"呼"地摔了出去。

陈金鳌问："看清了没有？"

周稔丰道："没有。"

周稔丰复抱紧，这次还特别注意其裆腰抖力。陈金鳌又轻轻一抖，周稔丰还是和上次一样被摔了出去。

当时在场之人只是看到了一抖，但都不明白周稔丰是怎样被摔出的。后来陈金鳌看到周稔丰憨厚老实、虚心求教，也就仔细对其讲解。

事后周稔丰说："我与许多拳师过过招，推过手，纵有高手攻我时，总能化解一部分；要是化解不了，我也至少知道对方的意图和力的方向。只是与陈师父推手时，我是在无形中被动，挨打时全然不知。"

一次，周稔丰与陈金鳌聊天，说从古拳书上看到，有人能将长枪在一招之内抖出多种力道，分别攻击多个点，但自己闻所未闻，更没见过，问此事是否可信。陈金鳌让他拿杆枪来，在西安古城墙下，陈金鳌收腰束肋之际气沉丹田，开胯拔腰之间气贯枪杆，一劲抖出，如灵蛇出洞，令人眼花缭乱，但听得"叭、叭、叭、叭……"之声过后，枪收势停，只见刚才枪尖所指之处，城墙上直径10厘米范围内有十多个击打点，可谓繁星点点。周稔丰惊讶不已，半天没说出一句话。事后周稔丰说，真是开眼了，有些不可思议，从此更用心跟陈老师学拳。

陈金鳌晚年结合自己多年的经验，精研太极之变化，以及太极与人体生理、与各关节间的相互关系。经过逐步实践，形成目前西安陈式太极拳小架的主要风貌之一。它阴阳开合，强身健体，攻防自如，是人们益寿延年不可多得的拳术。老人家在弥留之际，还自叹愧对先祖，未来得及著书，只能将文字资料留给后世。

守护经典，传承家学

太极明师陈凤英

陈凤英，女，1936 年 8 月 28 日出生于河南温县陈家沟，系陈家沟陈氏第十九代后人，陈氏太极拳第十一代传人，国际太极拳大师。现任陕西省武术协会委员、西安陈氏太极拳研究会副会长、西安陈金鳌太极拳学会副会长。

1937 年，中原大地遭受日寇铁蹄践踏，民不聊生，陈凤英随家人沿陇海铁路线西行逃荒，最后定居于西安。陈凤英出生于陈家沟望族，其曾祖父陈垚、祖父陈上元、伯父陈金鳌、父亲陈金榜都是陈家沟名声显赫的太极拳师。

受家族习武之风陶冶，陈凤英自幼随父陈金榜学拳，成年后又随伯父陈金鳌习拳。陈金鳌太极功夫精湛，深得家传绝学之精髓，参与了其三祖父陈鑫著《陈氏太极拳图说》的编辑修订工作，深刻领悟陈式太极拳拳法要义，理论功底深厚。陈金鳌无嗣，陈凤英秉性善良孝顺，在自家生活并不富裕的情况下，1964 年，将退休孤独的伯父陈金鳌从宝鸡接到西安自己的家中奉养，直到 1971 年陈金鳌去世。

陈金鳌对陈凤英言传身教，细致入微，即便是在陈凤英工作最繁忙的阶段，也是“许可你不练，但不许你不知道”。陈金鳌教拳时注重理论和实践相结合，把每个动作从外到内说得清清楚楚。经过伯父多年悉心栽培，加之自己多年领悟，陈凤英在陈式太极拳内在功法、拳术理论等方面造诣颇高。她所著的太极拳论文《五阴五阳》获得首届中国焦作国际太极拳年会优秀论文奖。2006 年，陈凤英被中国温县国际太极拳年会评为国际太极拳大师；2008 年，获温县国际太极拳交流赛优秀表演奖。现如今，陈凤英活跃在古都西安的武林，每天在雄浑厚重的城墙下教授弟子，弘扬太极。

陈金鳌图解陈式太极拳六十四式

盖无极者，一无所有。

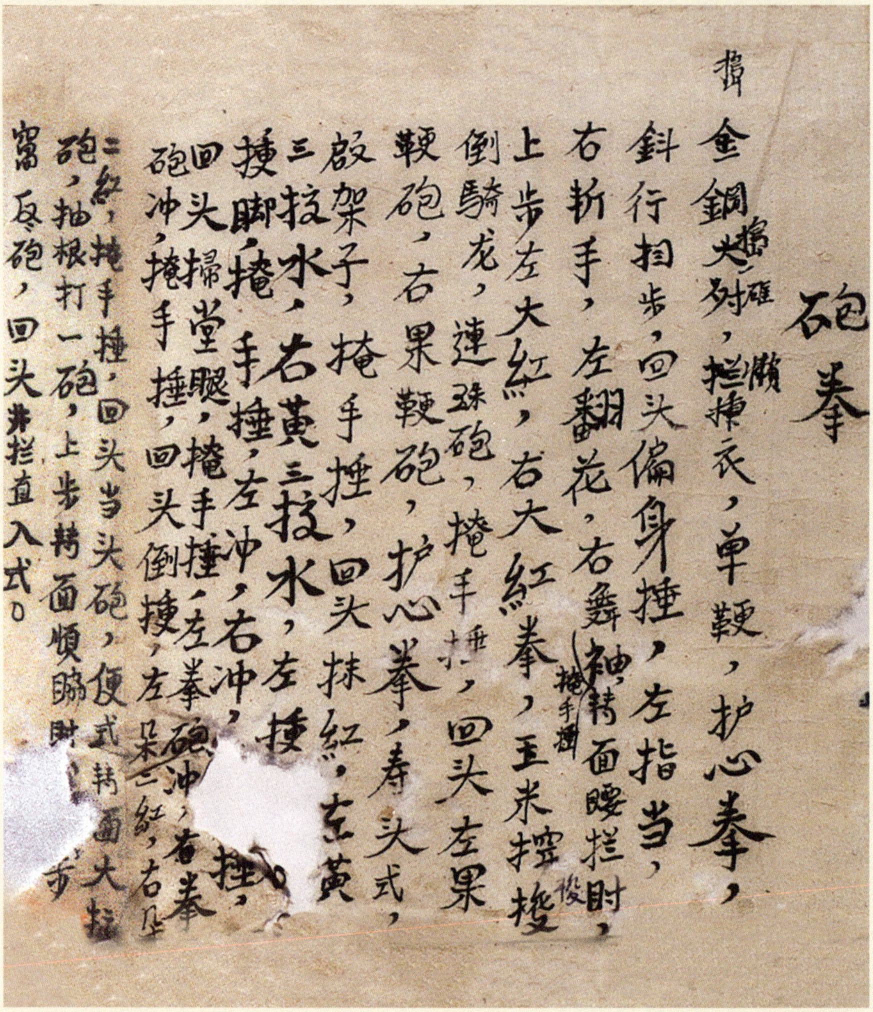

砲拳

擣

金鋼大对（擣碓），拦擦衣（懒），单鞭，护心拳，

斜行扫步，回头偏身捶，左指当，

右折手，左翻花，右舞袖，转面腰拦肘，

上步左大紅，右大紅拳，玉米控搂（掩手捶）

倒騎龙，連珠砲，掩手捶，回头左果

鞭砲，右果鞭砲，护心拳，寿头式，

敨架子，掩手捶，回头抹紅，左黄

三拉水，右黄三拉水，左捷

捷脚，掩手捶，左冲，右冲，捶，

回头掃堂腿，掩手捶，左拳砲冲，右拳

砲冲，掩手捶，回头倒捷，左朵二紅，右朵

二紅，掩手捶，回头当头砲，便式转面大拉

砲，抽根打一砲，上步转面傾蹦肘，……步

窩底砲，回头井拦直入式。

炮拳

金刚捣碓，揽扎衣，单鞭，护心拳，斜行拗步，回头偏身捶，左指裆，右斩手，左翻花，右舞袖，掩手捶，转面腰拦肘，上步左大红（拳），右大红拳，玉女穿梭，倒骑龙，连珠炮，掩手捶，回头左裹鞭炮，右裹鞭炮，护心拳，兽头式，劈架子，掩手捶，回头抹红，左黄（龙）三搅水，右黄（龙）三搅水，左擦脚，右擦脚，掩手捶，左冲，右冲，****（上步掩手）捶，回头扫堂腿，掩手捶，左拳炮冲，右拳炮冲，掩手捶，回头捣岔，左朵二红，右朵二红，掩手捶，回头当头炮，变式转面大捉炮，抽根打一炮，上步转面顺肋肘，（上）步窝反炮，回头惊拦直入式。

（编者注：第一二页非陈金鳌的笔迹，从第三页起皆为陈金鳌笔迹。）

无形声不曰无极，而曰太极。

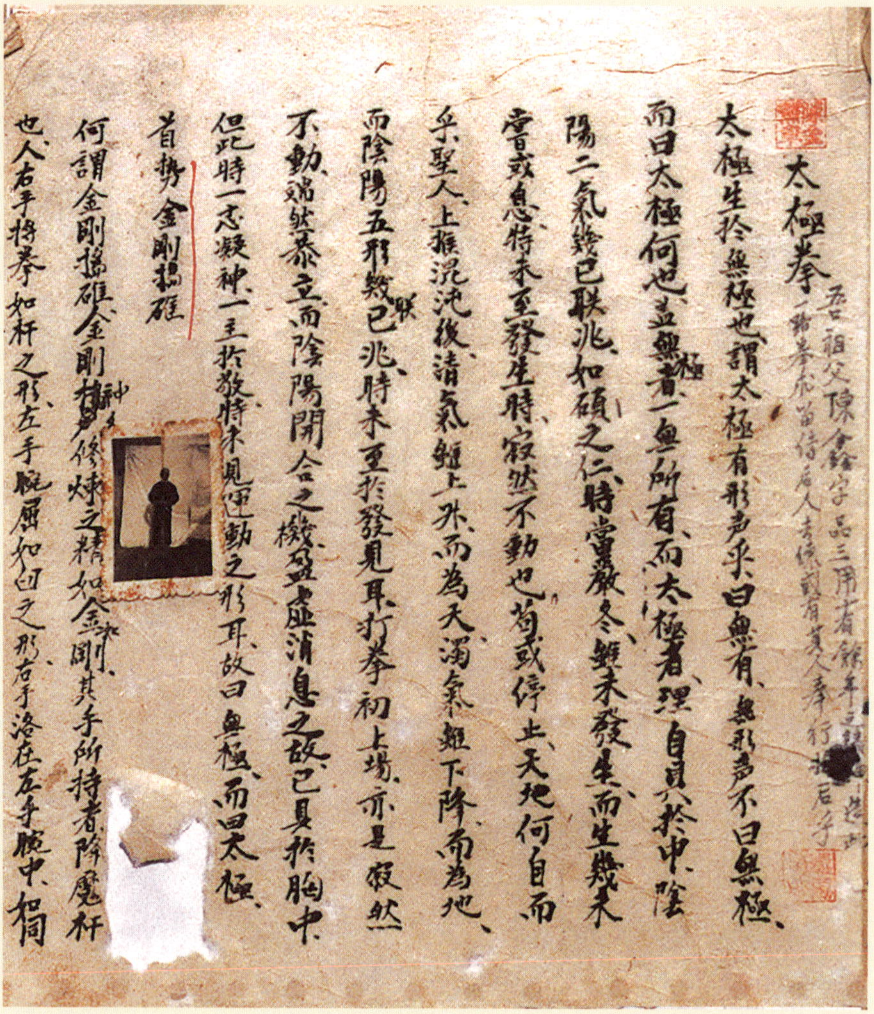

太極拳 吾祖父陳鑫字品三用有餘年之□□□悲 一歸拳衣留待后人來續或有萬人拳行於后乎

太極生於無極也，謂太極有形聲乎？曰無有。無形聲不曰無極、而曰太極何也？蓋無極者，一無所有，而太極者，理自具於中，陰陽二氣幾已联兆，如碩之仁，時當嚴冬，雖未發生，而生機未嘗或息，特未至發生時，寂然不動也。苟或停止，天地何自而乎？聖人上推混沌後，清氣輕上升，而為天，濁氣重下降，而為地，而陰陽五形數狀已兆，特未至於發見耳。打拳初上場，亦是寂然不動，端然恭立，而陰陽開合之機，盈虛消息之故，已具於胸中，但此時一志凝神，一主於敬，特未見運動之形耳，故曰無極，而曰太極。

首勢 金剛搗碓

何謂金剛搗碓？金剛神有修煉之精，如金剛，其手所持者，降魔杵也。人右手持拳，如杵之形，左手腕屈，如臼之形，右手落在左手腕中，相同

太极拳

吾祖父陈鑫，字品三，用十有余年之精神，造此一路拳术，流传后人去练，或有其人奉行于后乎。

太极生于无极也。谓太极有形声乎？曰无有。无形声不曰无极，而曰太极，何也？盖无极者，一无所有，而太极者理自具于中，阴阳二气几已朕兆。如硕之仁，时当严冬，虽未发生而生机未尝或息，特未至发生时，寂然不动也。苟或停止，天地何自而乎？圣人，上推混沌后，清气虽上升而为天，浊气虽下降而为地，而阴阳五行几已朕兆，时未至于发现耳。打拳初上场，亦是寂然不动，端然恭立，而阴阳开合之机，盈虚消息之故，已具于胸中。但此时一志凝神，一主于敬，时未见运动之形耳。故（不）曰无极，而曰太极。

首式　金刚捣碓

何谓金刚捣碓？金刚，神名。修炼之精，如金如刚。其手所持者，降魔杵也。人右手捋拳，如杵之形；左手腕屈，如臼之形。右手落在左手腕中，如同捣碓。象形也。此伏七星拳之脉。

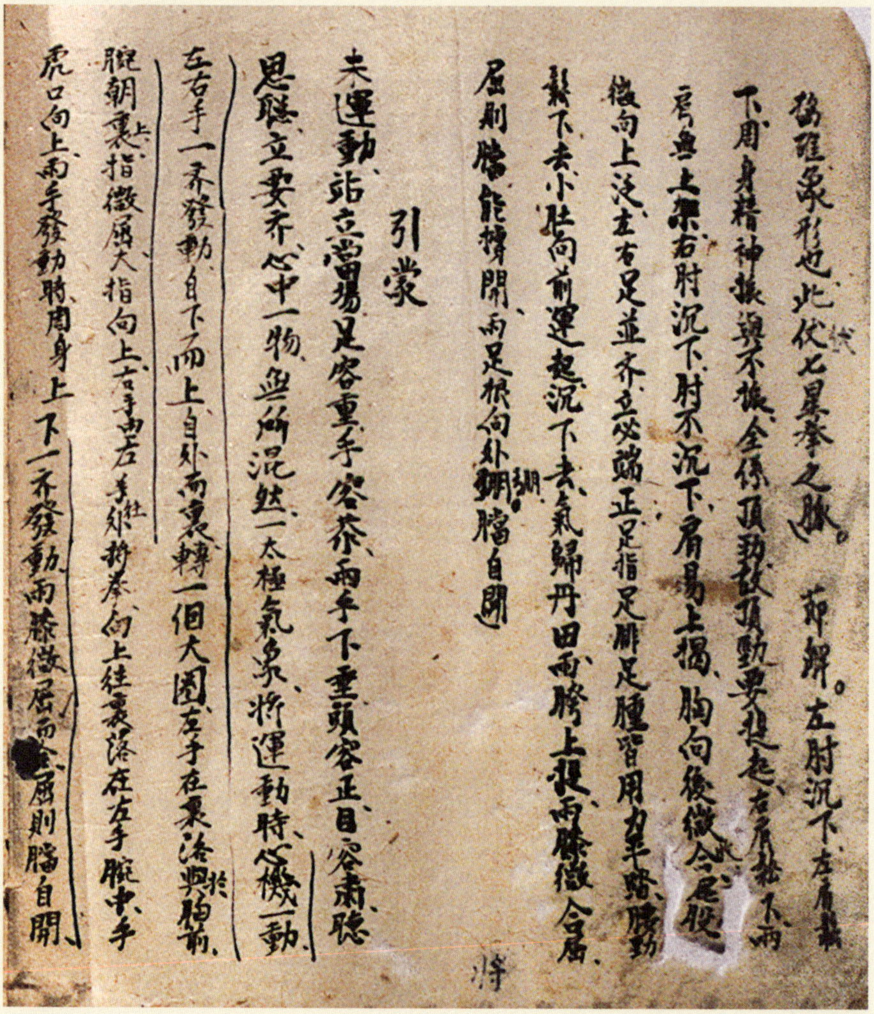
伏羅象形也、此伏七星拳之勢也。
命解。左肘沉下左肩鬆
下、周身精神振顯不振、全係頂勁、頂勁要提起、右肩鬆下、兩
肩無上架、右肘沉下、肘不沉下、肩易上揭、胸向後微合、尻股
微向上泛、左右足並齊、立必端正、足指足跟足腫皆用力平踏、膝勁
鬆下去、小肚向前運起、沉下去、氣歸丹田、兩胯上提、兩膝微合、屈
屈則襠能撐開、兩足根向外綳、襠自開也

引蒙

夫運動、站立當場、足容重、手容恭、兩手下垂、頭容正、目容肅、聰
思聽、立要齊、心中一物無所、混然一太極氣象、將運動時、心機一動
左右手一齊發動、自下而上、自外而裏轉一個大圈、左手在裏、洛於胸前、
腕朝裏上、指微屈、大指向上、右手由右往外、將拳向上往裏落在左手腕中、手
虎口向上、兩手發動時、周身上下一齊發動、兩膝微屈而合、屈則襠自開

无形声不曰无极，而曰太极。

节解

左肘沉下，左肩松下。周身精神振与不振，全系顶劲，故顶劲要提起。右肩松下，两肩无上架。右肘沉下，肘不沉下，肩易上揭。胸向后微收合。屁股微向上泛。左右足并齐，立必端正。足趾、足腓、足踵皆用力平踏。腰劲松下去。小肚向前运起，沉下去，气归丹田。两胯上提，两膝微合屈，屈则裆能撑开。两足跟向外弸，裆自开。（图 1）

图 1 金刚捣碓

引蒙

未运动，站立当场，足容重，手容恭，两手下垂。头容正，目容肃，听思聪。立要齐。心中一物，无所混然，一太极气象。将运动时，心机一动，左右手一齐发动，自下而上，自外而里，转一个大圈。左手在里，落于胸前，腕朝上，指微屈，大指向上。右手由左往外捋拳，向上往里落在左手腕中，手虎口向上。两手发动时，周身上下一齐发动。两膝微

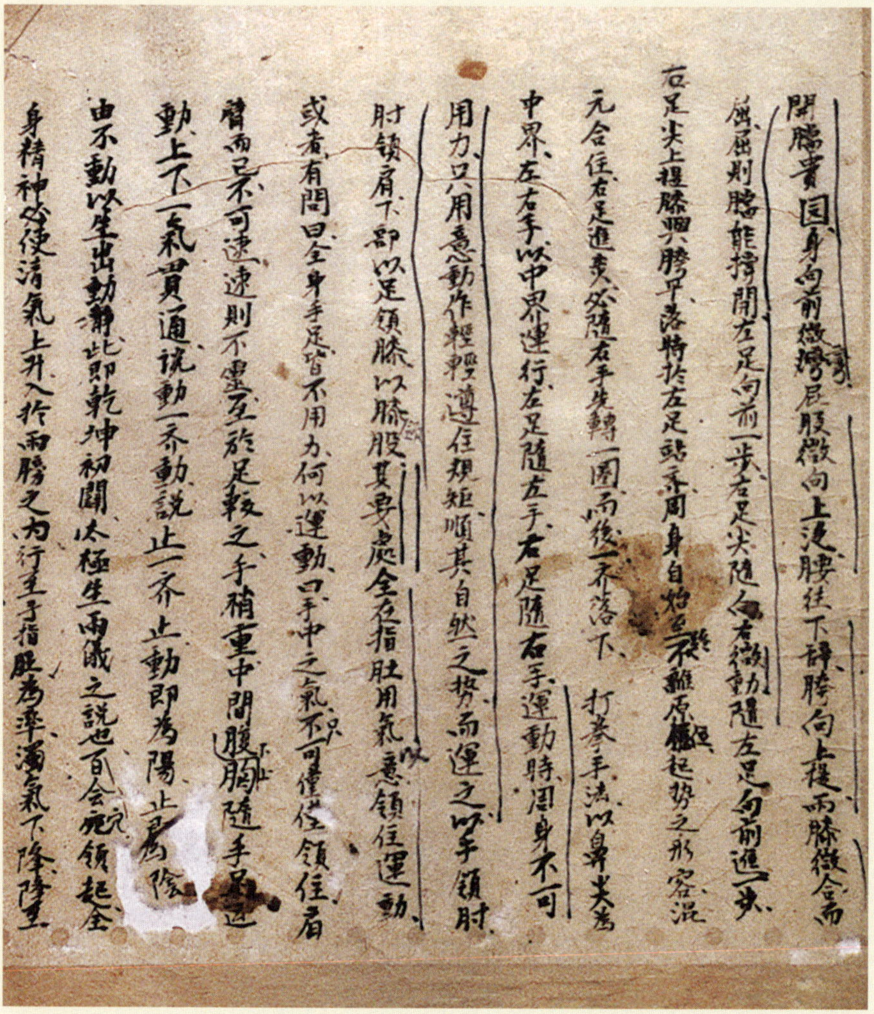
開膝實圓、身向前微彎、屁股微向上送、腰往下蹋、膝向上提、兩膝微合而
微屈、屈則膝能撑開、左足向前一步、右足尖隨之、右微動、隨左足向前進一步、
右足尖上提、膝略畧、膝平落、特於左足跟齊、周身自始至終不離原起勢之形容、混
元合住、右足進步、必隨右手先轉一圈、而後一齊落下。打拳手法以鼻尖為
中界、左右手以中界運行、左足隨左手、右足隨右手、運動時周身不可
用力、只用意動作、輕輕遵住規矩、順其自然之勢、而運之、以手領肘、
肘領肩、下部以足領膝、以膝領股、其要處全在指肚、用氣意領住運動、
或者有問曰全身手足皆不用力、何以運動、曰手中之氣不可僅住、領住肩
臂而足不可遠、遠則不靈、至於足趾之手、稍重中間、腹胸隨手足运
動、上下一氣貫通、說動一齐動、說止一齐止、動即為陽、止為陰、
由不動以生出動靜、此即乾坤初闢、太極生兩儀之說也、百会穴領起全
身精神、必使清氣上升入於兩膀之內、行至手指肚為準、濁氣下降、降至

无形声不曰无极，而曰太极。

屈而合，屈则裆自开。开裆贵圆。身向前微弯，屁股微向上泛。腰往下辞，胯向上提。两膝微合而屈，屈则裆能撑开。左足向前一步，右足尖随向右微动，随左足向前进一步。右足尖上提，膝与胯平，落时与左足站齐。周身自始至终不离原位。起势之形容，混元合住，右足进步，必随右手先转一圈，而后一齐落下。打拳手法，以鼻尖为中界。左右手以中界运行，左足随左手，右足随右手。

运动时，周身不可用力，只用意。动作轻轻，遵住规矩，顺其自然之势而运之。以手领肘，肘领肩，下部以足领膝，以膝领股。其要处全在指肚用气，以意领住运动。或者有问曰：全身手足皆不用力，何以运动？曰：手中之气，只可仅仅领住肩臂而已，不可速，速则不灵。至于足，较之手稍重。中间胸腹随手足运动，上下一气贯通，说动一齐动，说止一齐止。动即为阳，止即为阴。由不动以生出动静，此即乾坤初辟，太极生两仪之说也。百会穴领起全身精神，必使清气上升，入于两膀之内，行至手指肚为率；浊气下降，降至足趾肚为率。每逢一势终，上体之气皆归丹田。盖心气一降，则全体之气即下降。

盖太极拳此势是正身法，端而肃，实而虚，柔而刚，简而赅，上下四旁，皆可照顾。理实气空，运行无滞。圆转自如，得太极初辟之原象。无端可循，无间可指。一势既完，似停非停。气机渐运，内劲方充。至于充足，下势自生。人所不知，独我自知。运动入于至微，人所难知，惟我运之以神，我自知之。

盖无极者，一无所有。

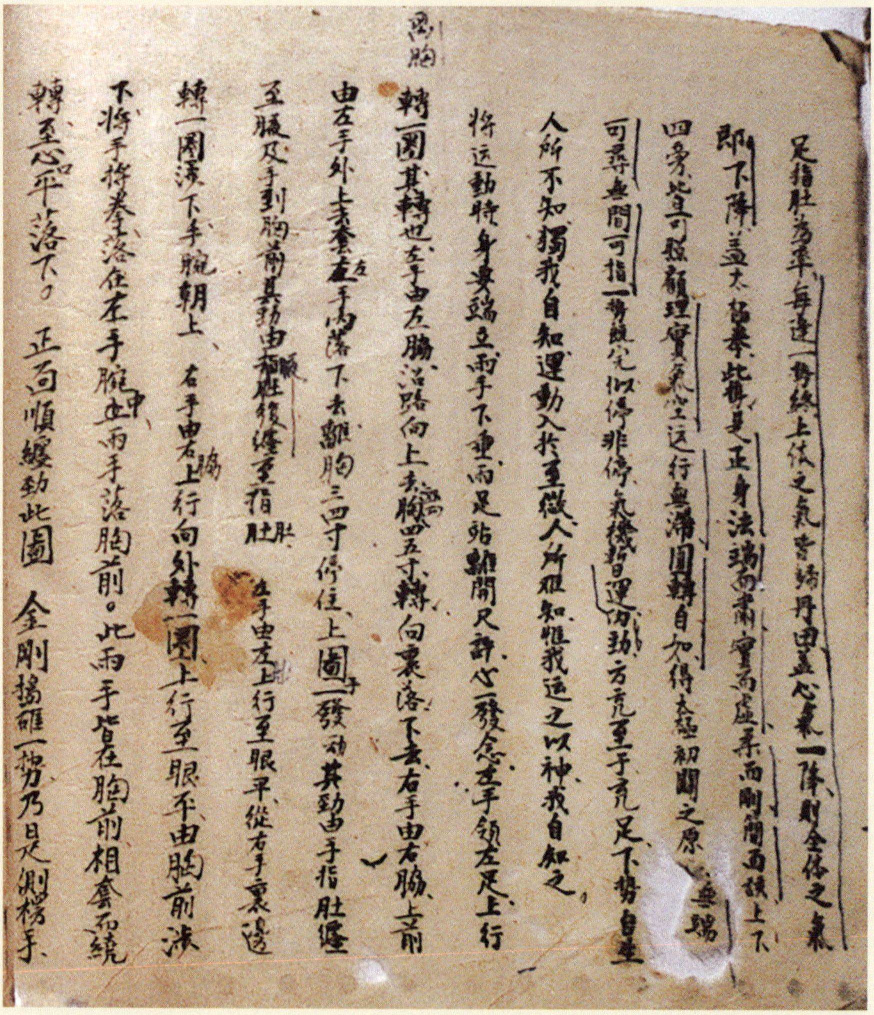

足指肚為準，無達一勢終上伏之氣皆歸丹田，蓋心氣一降，則全體之氣
即下降，蓋太極拳此舉是正身法，端而肅，實而虛，柔而剛，順直頭上下
四旁，皆可臻顧理，實氣空運行無滯，圓轉自如，得太極初闢之原，無端
可尋，無間可指，一勢既完，似停非停，氣機暫運仍勁，方竟至于竟足下，勢自堅
人所不知，獨我自知，運動入於至微，人所難知，惟我運之以神，我自知之。
將運動時，身要端立，兩手下垂，兩足站離開尺許，心一發念，左手領左足上行
圈胸
轉一圈，其轉也，左手由左腋沿路向上去，離胸四五寸，轉向裏落下去，右手由右腋上前
由左手外上去，套左手內落下去，離胸三四寸停住，上圈一發動，其勁由手指肚縫
至腕及手到胸前，其勁由手腕後縫至指肚，左手由左上行至眼平，從右手裏邊
轉一圈，復下手腕朝上，右手由右上行向外轉一圈，上行至眼平，由胸前復
下，將手將拳落在左手腕中，兩手落胸前。此兩手皆在胸前相套而繞
轉至心口平落下。正面順纏勁此圈 金剛搗碓一勢乃是側楞手。

无形声不曰无极，而曰太极。

内劲

将运动时，身要端立。两手下垂，两足站离开尺许。心一发念，左手领左足上行，离胸，转一圈。其转也，左手由左肋沿路向上去，离胸四五寸，转向里落下去。右手由右肋上前，由左手外上去，套左手内落下去，离胸三四寸停住。

手一发动，其劲由手指肚缠至腋；及手到胸前，其劲由腋复缠至指肚。

左手由左肋上行至眼平，从右手里边转一圈涉下，手腕朝上。右手由右肋上行，向外转一圈，上行至眼平，由胸前涉下，将手捋拳落在左手腕中。两手落胸前。此两手皆在胸前相套而绕转至心口平，落下。（图 2）

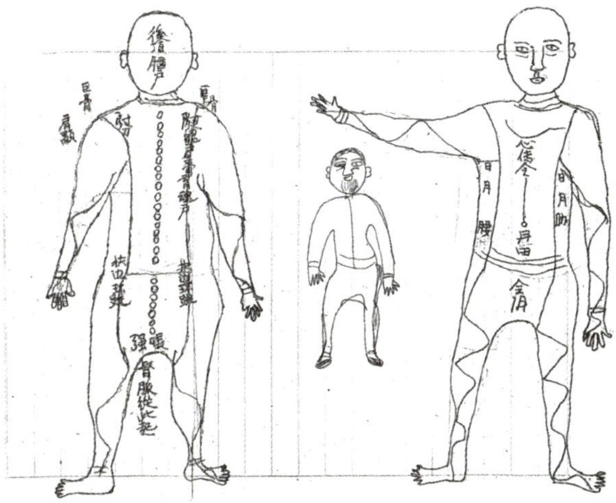

图 2　缠丝劲路线图

上行、獨左手落時手心向上、凡手足裏往外去者皆是順纏、本圖 心氣下
降、襠亦隨之下降、而後意思從下而上行者、自外向裏轉一圈、全身上
下皆隨之、無一處不轉、 凡手足一動一靜、皆是轉一圈、非用纏絲不可、或
向裏纏為合勁、或向外者、為開勁、凡動則手足易見其纏、及每勢將
終、即靜時也、靜時其機不停、入於微細、入不易見、即此亦不離纏絲勁。 凡手
足向前合者、逆纏、即倒纏也。纏絲勁為拳之筋脈、故運動、皆不可離、一離
纏勁、不惟拳勢直率、亦索然寡味矣。此勢之勁不但手向上提、足亦隨之上
提、即陰卵與會陰之後之筋、亦動上提、已起提之中、須能用纏絲勁、運於股
膝之中、使手足皆能轉圈、亦算不空提、當其機一動、丹田之氣由兩脇中、上行肩
頭、以運於指。下身動由足提起、過膝至踝、來復轉回、足下行至足腫及指、方足落地、
運動之道不外乎一圈、凡圈有斜有正、有順有逆、有陰有陽、有向左有向右、此勢
左右手足皆是正圈、蓋太極拳中之陰陽循環不已、不過運一大圈而已、大乘

金刚捣碓一势，乃是侧楞手上行，独左手落时手心向上。

凡手足里往外去者，皆是顺缠，见图2。心气下降，裆亦随之下降。而后，意思从下而上行者，自外向里转一圈，全身上下皆随之，无一处不转。凡手足一动一静，皆是转一圈，非用缠丝不可。或向里缠，为合劲；如向外者，为开劲。凡动则手足易见其缠。及每势将终，即静之时也。静时其机不停，入于微细，入不易见。即此亦不离缠丝劲。凡手足向前合者，逆缠，即倒缠也。

缠丝劲为拳之筋脉，故运动皆不可离。一离缠丝劲，不惟拳势直率，亦索然无味矣。

此势之劲，不但手向上提，足亦随之上提，即阴卵与会阴之后之筋亦动，上提已也。提之中，须能用缠丝劲，运动于股肱之中，使手足皆能转圈，亦算不空提。当心机一动，丹田之气由两肋中上行肩髃，以运于指。下身劲，由足趾上提，过膝，至归来复转回足，下行至足踵、足趾，方足落地。运动之道，不外乎一圈。凡圈，有斜、有正，有顺、有逆，有阴、有阳，有向左、有向右，此势左右手足皆是正圈。盖太极拳中之阴阳循环不已，不过运一大圈而已，人秉阴阳之气，以生吾之身，即太极之身也。以无形之太极，宰阴阳有形之太极（指人，指人身说），人皆知之。至以有形之太极，运吾无形之太极（指人身阴阳之理说），而反不知，何也？盖欲速之心蔽之也。此拳之用，不贵速而贵缓。缓则细心揣摩，由粗及精，且其精运到指肚与否？能如此运，将来功夫成时，其速无比。且练理不炼气，盖炼气失之必硬，硬则转动不灵。练理则气壮（此推内劲之原）。凡事皆宜顺其自然而为之，不但拳也，如人之行路，左足行右足止，右足行则左足止，皆太极之自然而然也。又如人目，一

盖无极者，一无所有。

无形声不曰无极，而曰太极。

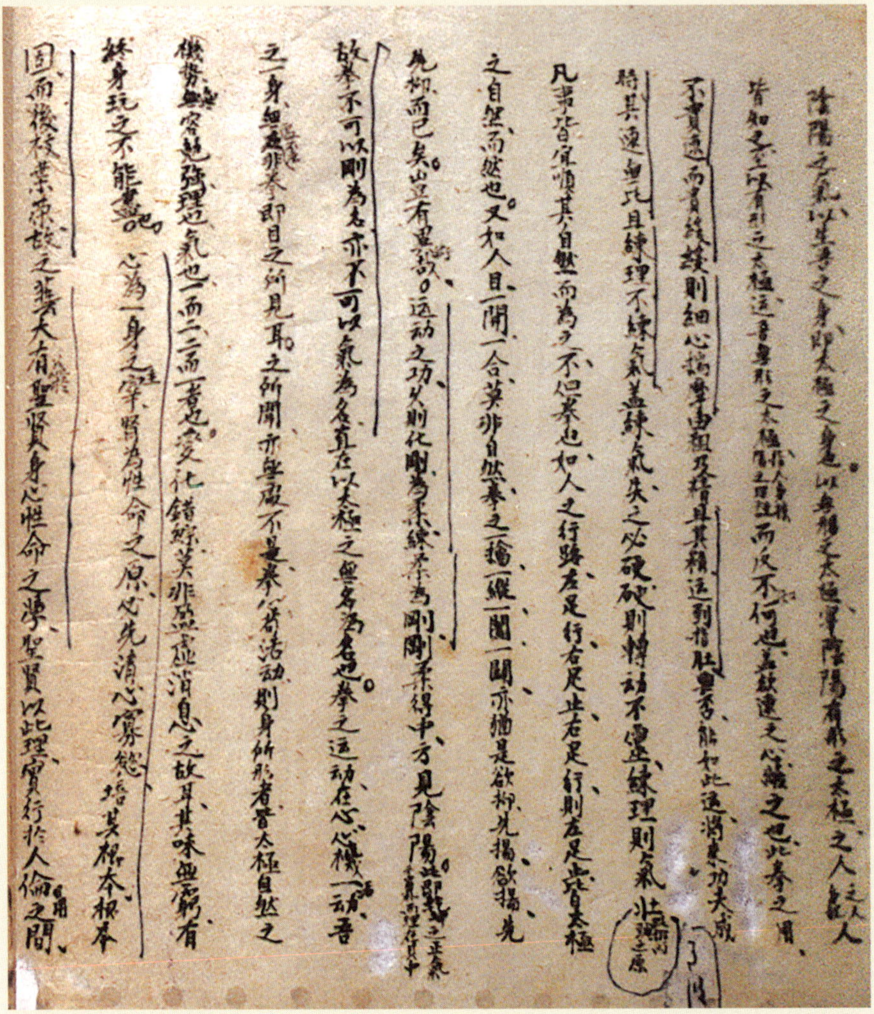
陰陽之氣，以生吾之身，即太極之全體也。以無極之太極運陰陽，有形之太極之人，人之人能人
皆知之，至以有形之太極運吾無形之太極，而反不何也？蓋欲運之，必涵養之也。此拳之謂。
不貫通，而貴於接續，則細心揣摩，由粗及精，且其積累運到，指肚無不能如此運，渾身功夫成。
將其運無乖，且練理不練氣。蓋練氣，氣失之必硬，硬則轉動不靈。練理則氣壯。（氣為理之原）
凡事皆宜順其自然而為之，不但拳也。如人之行路，左足行，右足止；右足行，則左足止，皆太極
之自然而然也。又如人目，一開一合，莫非自然。拳之擒縱，一開一闔一闢，亦猶是。欲抑先揚，欲揚先
先抑而已矣。豈有異哉。運動之功，久則化剛為柔，練柔為剛，剛柔得中，方見陰陽。
故拳不可以剛為名，亦不可以氣為名，直名以太極之無名為名者也。拳之運動在心，心機一動，吾
之一身無處非拳，即目之所見，耳之所聞，亦無處不是拳。心苟活動，則身所形者皆太極自然之
機勢，無容勉強，理也，氣也，一而二，二而一者也。變化錯綜，莫非無極消息之故，耳其味無窮，有
終身玩之不能盡者也。心為一身之宰，腎為性命之原，必先清心寡慾，培其根本。根本
固，而後枝葉茂。故之舉大有聖賢身心性命之學。聖賢以此理實行於人倫之間，

开一合，莫非自然。拳之一擒一纵，一阖一辟，亦犹是欲抑先扬、欲扬先抑而已矣，岂有异术哉？运动之功，久则化刚为柔，练柔为刚。刚柔得中，方见阴阳（此即乾坤之正气，言气而理在其中）。故拳不可以刚为名，亦不可以柔为名，直在以太极之无名为名也。拳之运动在心，心机一活动，吾之一身无处不应，非拳即目之所见、耳之所闻，亦无处不是拳。心苟活动则身所形者，皆太极自然之机势，无容勉强。理也，气也。一而二，二而一者也。变化错综，莫非盈虚消息之故耳。其味无穷，有终身玩之不能尽也。心为一身之主宰，肾为性命之原，必先清心寡欲，培其根本。根本固而后枝叶荣。故，此艺大有益于圣贤身心性命之学。圣贤以此理实行于人伦日用之间。

打拳，以此理推之，实运于五官百骸之内。圣贤复性，此言顺其自然。自然正所以为复性，不可以歧而视之也。格致诚正，一而已矣。吾故曰，圣贤身心性命之学，每一势必有当然所以然之故，当细心研究。吾谓一势之中，有千言万语不能罄其妙。一经现身指示，易如反掌。所难者，功夫。尤难者，知行并进。有久长之功夫，年积日累，才能有益，妙之神也。

总论发明

纯阴无阳是软手，纯阳无阴是硬手。

一阴九阳根头棍，二阴八阳是散手。

三阴七阳犹觉硬，四阴六阳类好手。

惟有五阳并五阴，阴阳无偏称妙手。

妙手一运一太极，迹象化完归乌有（仍是太极浑然）。

无形声不曰无极，而曰太极。

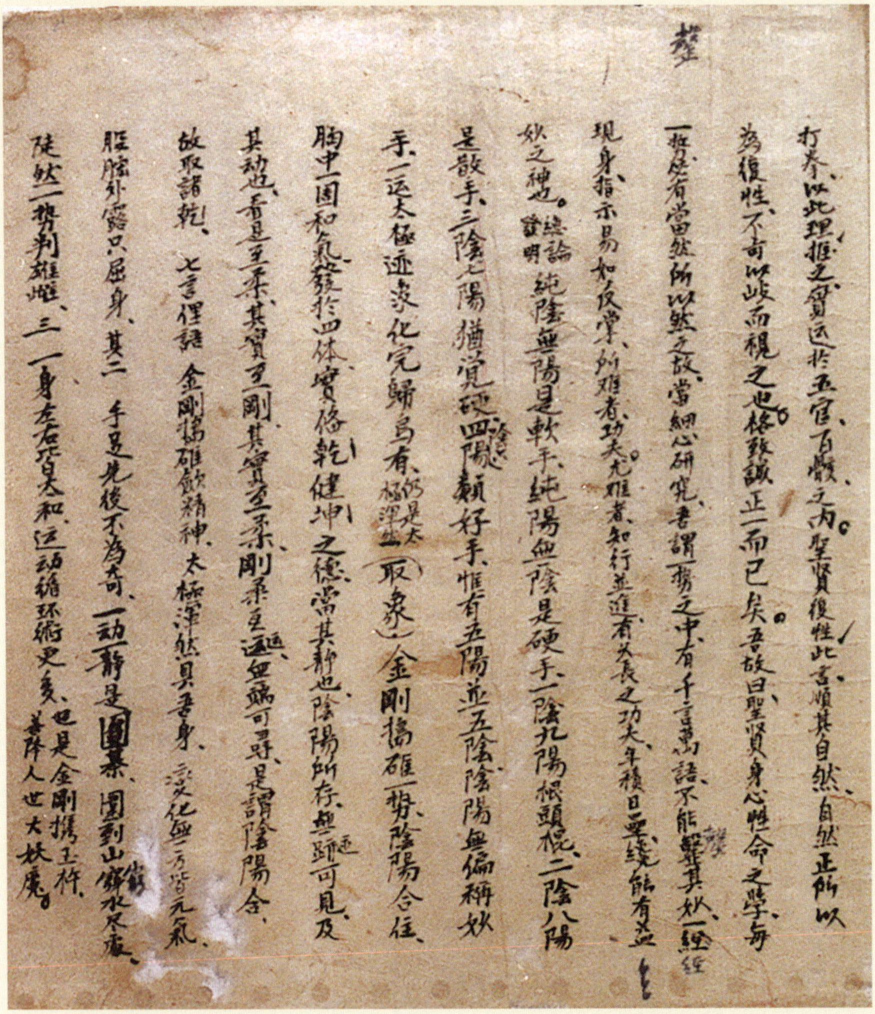

（眉批）鏊

打拳以此理推之，實運於五官、百骸之內。聖賢復性，此言順其自然，自然正所以
為復性，不奇以歧而視之也。格致誠正一而已矣。吾故曰聖賢身心性命之學，每
一勢皆有當然所以然之故，當細心研究。書謂一勢之中，有千言萬語，不能罄其狀，一經
現身指示，易如反掌。所難者功夫，尤難者知行並進，有久長之功夫，年積日累，纔能有益
然之神也。總論發明 純陰無陽是軟手，純陽無陰是硬手，一陰九陽根頭棍，二陰八陽
是散手，三陰七陽猶覺硬，四陰六陽顯好手，惟有五陽並五陰，陰陽無偏稱妙
手。一運太極迹象化，完歸烏有，仍是太極渾然。（取象）金剛搗碓一勢，陰陽合在
胸中，一團和氣，發於四体，實脩乾健坤之德。當其靜也，陰陽所存，無跡可見，及
其動也，看是至柔，其實至剛，其實至柔，剛柔互運，無端可尋，是謂陰陽合，
故取諸乾。七言俚語：金剛搗碓斂精神，太極渾然具吾身，變化無方皆元氣，
脏腑外露只屈身。其二：手足先後不為奇，一動靜是圓機，圓到山窮水盡處，
陡然一勢判雄雌。其三：一身左右皆太和，運動循環術更多，也是金剛搗玉杵，
善降人世大妖魔。

取象

金刚捣碓一势，阴阳合住。胸中一团和气，发于四体，实备乾健坤顺之德。当其静也，阴阳所存，无迹可见。及其动也，看是至柔，其实至刚，其实至柔，刚柔互运，无端可寻，是谓阴阳合德。故取诸乾坤。

七言俚语

其一

金刚捣碓敛精神，太极浑然具吾身。

变化无方皆元气，股肱外露只屈身。

其二

手足先后不为奇，一动一静是围棋。

围到山穷水尽处，陡然一势判雄雌。

其三

一身左右皆太和，运动循环术更多。

也是金刚携玉杵，善降人世大妖魔。

其四

不是金刚降魔杵，妖妖怪怪莫敢阻。

大开大合归无迹，美大圣人一可许。

其五

外保国家内保身，全凭文武镇乾坤。

一勤天下无难事，旋转连环再返真。

盖无极者，一无所有。

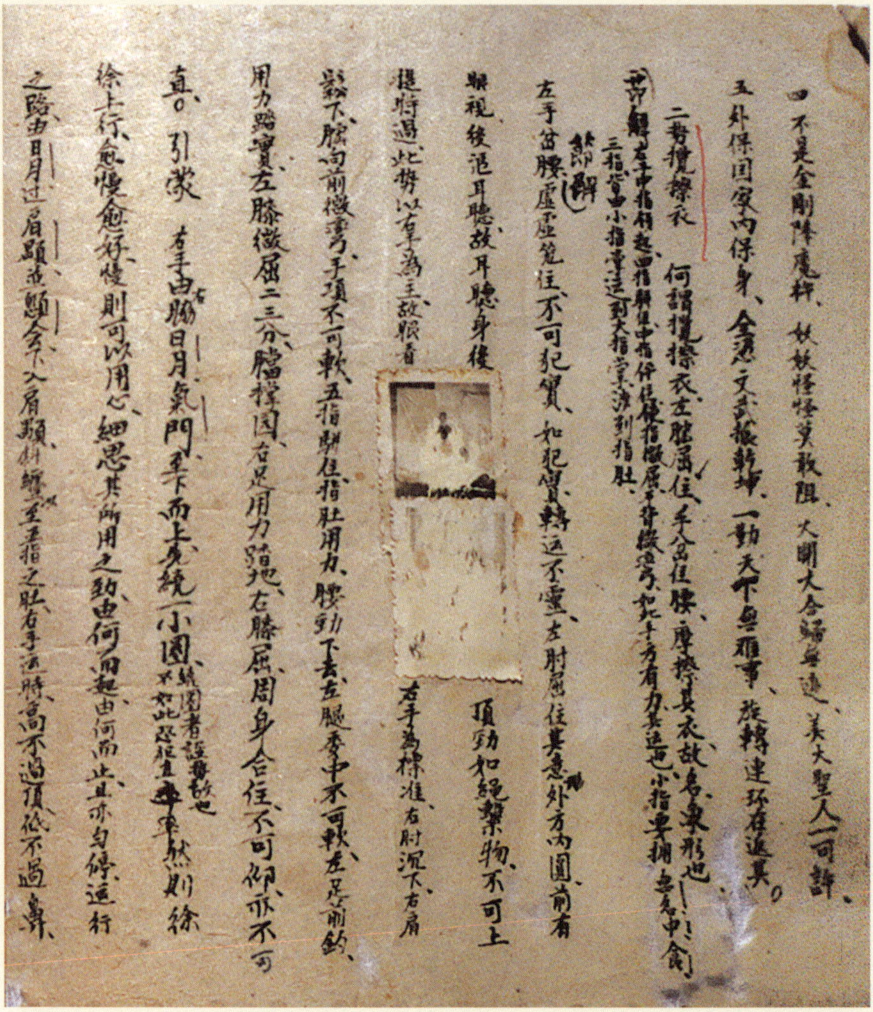
四 不是金剛降魔杵，妖妖怪怪莫敢阻，大開大合歸無迹，美大聖人一可許。
五 外保国家内保身，全憑文武振乾坤，一動天下無難事，旋轉連环在這其。
二勢攬擦衣 何謂攬擦衣，左腿屈住，手合住膝，摩擦其衣，故名，象形也。
節解 左手中指領起，四指貼住中指，併住，食指微屈，手背微凸，如此方有力其運也，小指要捆，無名中食三指皆由小指節運到大指，掌逆到指肚。
節解 左手當腰，虛虛籠住，不可犯實，如犯實，轉運不靈。左肘屈住，其意外方內圓，前有顧視，後恐耳聽，故耳聽身後。頂勁如絕繫物，不可上提，將過此勢以右手為主，故眼看右手為標准，右肘沉下，右肩鬆下，膀向前微彎，手項不可軟，五指貼住指肚用力，腰勁下去，左腿當中不可軟，左足前鈎，用力踏實，左膝微屈二三分，襠撐圓，右足用力蹬地，右膝屈，周身合住，不可仰，亦不可直。
引蒙 右手由膀日月氣門至下而上，先繞一小圈，繞圈者謂蓄勢也，又如此然則徐徐上行，愈慢愈好，慢則可以用心，細思其所用之勁由何而起，由何而止，且亦勻停運行之路，由日月過肩頭，至頤，會下入肩顯，至五指之肚，右手運時，高不過頂，低不過鼻。

无形声不曰无极，而曰太极。

第二式　揽扎衣

何谓揽扎衣？左肱屈住，手叉住腰，摩擦其衣，故名。象形也。

节解

右手中指领起，四指骈住，中指绷住，使指微屈，手背微弯，如此手方有力。其运也，小指要拥无名、中、食三指，皆由小指掌运到大指掌，涉到指肚。

左手叉腰，虚虚笼住，不可犯实。如犯实，转运不灵。左肘屈住，其意形外方内圆。前有眼视，后凭耳听，故耳听身后。顶劲如绳系物，不可上提特过。此势以右手为主，故眼看右手为标准。右肘沉下，右肩松下，肱向前微弯，手项不可软，五指骈住，指肚用力。腰劲下去，左腿委中不可软。左足前钩，用力踏实。左膝微屈二三分。裆撑圆。右足用力踏地，右膝屈，周身合住，不可仰，亦不可直。（图 3）

图 3　揽扎衣

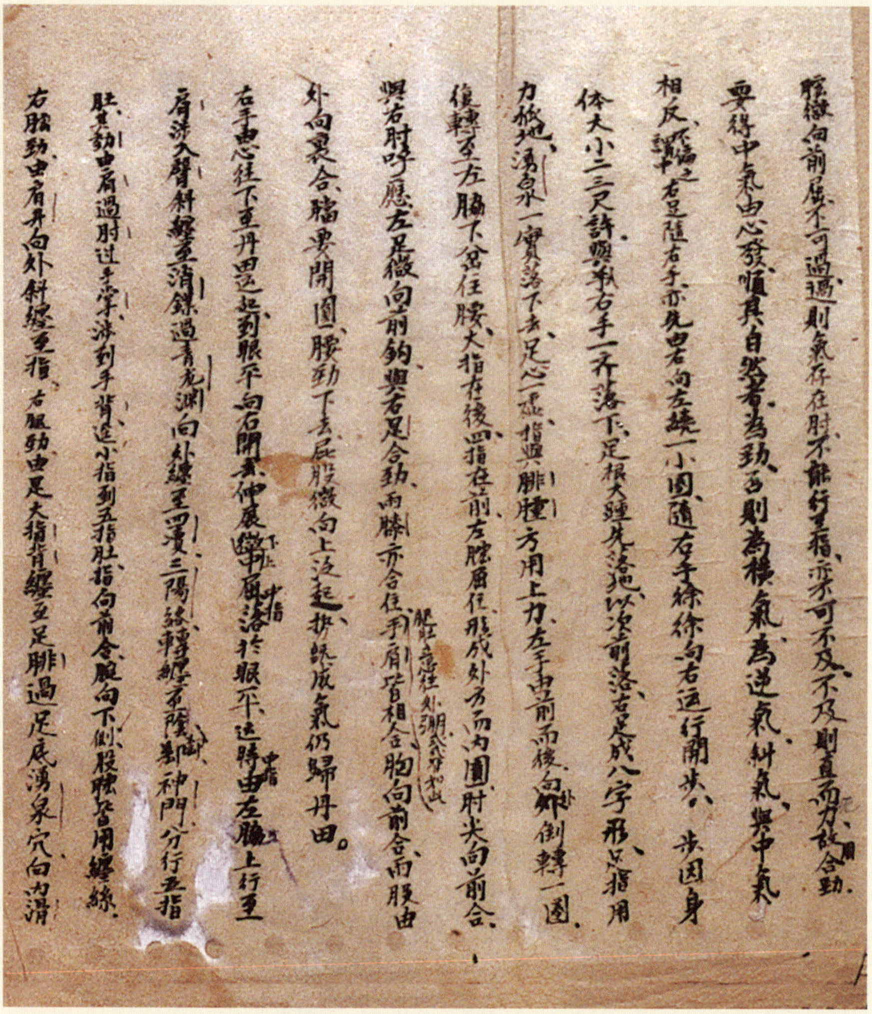
膝微向前屈，不可過，過則氣存在肘，不能行至指，亦不可不及，不及則直而力散，合勁。
要得中氣由心發，順其自然者為勁，否則為橫氣，為逆氣，斜氣，與中氣
相反。總之，右足隨右手，亦先由右向左繞一小圈，隨右手徐徐向右運行，開步八　步因身
体大小二三尺許，與右手一齊落下，足根大趾先落地，以次前落，右足成八字形，足指用
力抓地，湧泉一實，落下去，足心一虛，指與腓腸方用上力，左手由前而後向外倒轉一圈，
復轉至左脇下，岔住腰，大指在後，四指在前，左肱屈住，形成外方而內圓，肘尖向前合。
與右肘呼應，左足微向前鉤，與右足合勁，兩膝亦合住，手肩皆相合，胸向前合，兩脹由
外向裏合，襠要開圓，腰勁下去，屁股微向上泛起，掛緊底氣仍歸丹田。
右手由心往下至丹田，返起，到眼平，向右開去，伸展，落於眼平，返時由左脇上行至
肩，涉入臂，斜纏至消鑠，過青靈，淵向外纏至四瀆，三陽絡，轉纏至神門，分行五指
肚，其勁由肩過肘，過手掌，涉到手背，返小指到五指肚，指向前合，腕向下側，股肱皆用纏絲。
右腿勁由肩井向外斜纏至指，右腿勁由足大指背纏至足腓過足底湧泉穴向內滑

引蒙

右手自右肋日月、期门自下而上先绕一小圈（绕圈者，设势故也，不如此恐犯直率）。然则徐徐上行，愈慢愈好。慢则可以用心，细思其所用之劲由何而起，由何而止，且亦匀停。运行之路，由日月过肩髃并囟会，下入肩髃，斜缠以至五指之肚。右手运时，高不过顶，低不过鼻。

肱微向前屈，不可过，过则气存在肘，不能行至指。亦不可不及，不及则直而无力。故用合劲，要得中。气由心发，顺其自然者为劲，否则为横气，为逆气、斜气，与中气相反（不偏之谓中）。右足随右手，亦先由右向左绕一小圈，随右手徐徐向右运行开步。步因身体大小二三尺许，与右手一齐落下。足跟大踵先落地，依次前落。右足成八字形，足趾用力抓地，涌泉一实落下去，足心一虚，趾与腓、踵方用上力。左手由前而后向外倒转一圈，复转至左肋下，叉住腰。大指在后，四指在前。左肱屈住，形成外方而内圆。肘尖向前合，与右肘呼应。左足微向前钩，与右足合劲。两膝亦合住，腿肚意往外弸，式式皆如此。手、肩皆相合，胸向前合，两股由外向里合。裆要开圆，腰劲下去，屁股微向上泛起。势既成，气仍归丹田。

右手由心往下至丹田运起，到眼平，向右开去，伸展中微屈，中指落与眼平。运时中指由左肋上行至肩，涉入臂，斜缠至消泺，过青龙渊向外缠至四渎、三阳络，转缠至阴郄、神门，分行五指肚。其劲由肩过肘、过手掌，涉到手背，经小指到五指肚。指向前合，腕向下侧，股肱皆用缠丝。右肱劲由肩井向外斜缠至指。右腿劲由足大趾背缠至足腓，过足底涌泉穴，向内滑骨斜缠逆行而上，由股入丹田。左肱劲由肩臂逆缠斜转至指肚。左手由下向外而上，逆行过目、鼻，由心口落下，叉住腰。右足不动，亦是倒缠劲，由足小趾过足背，由外向里缠，经股自下向上归丹田。此势右半边皆是顺转劲，左半身皆是倒转劲。如此不背不缪。其运行，手足一齐发动，上下相随，一气贯通。右手展到九分程度方停。然形势停，其中之意不停，必使神气贯得十分充足。此处最难形容。其中神气足与不足，惟自知之，惟高人识之。运时得慢且慢，慢至十分，

无形声不曰无极，而曰太极。

骨斜纏逆行而上，由股入丹田。左腋勁由肩背逆纏斜轉至指肚，左手由下向外而上逆
行過目，鼻由心口落下，貼住腰。右足不動，亦是倒纏勁，由足小指過足背由外向裏
纏運，股自下向上歸丹田。此勢右半邊皆是順纏勁，左半身皆是倒轉勁，如此不背不纏其運
行手足一齊發動，上下相隨，一氣貫通。右手展到九分成度方停，然形勢停，其中之意不停，
必使神氣貫得十分充足，此處最難形容。其中神氣足與不足，惟自知之，惟高人識之。
運時仍慢且慢，慢至十分功夫純熟，自然快如閃電，靈敏無比，以胸中浩然之氣運於全体，纏然
有勢斜倚，斜倚之中存有中氣為主宰。凡手足運行如前勢同，開合無二，必使精神團聚
盈不散。至於眼神，看在右手中指，中指落於眼平。
肩膀骨節不開，則肐膊轉動不靈，胸含不住，
則襟氣充實，轉動多滯；腦開不固，則旋轉不隨。由此上中下三節皆不可忽。刻頂勁不領
則身如蘇繩，不能自主。頂勁是何物？乃是心中一念之正氣上充至頂，頂勁由
百会穴、湧泉提到会陰、腦後，由後腦頂以下，項中兩部筋闊下至長強，其意上
下要起，不可過，過則項硬；不可不及，不及則向前倒，得其中而已。右手為主，左手為賓，右手

功夫纯熟，自然快如闪电，灵敏无比。以胸中浩然之气，运于全体。虽然有势斜倚，斜倚之中，存有中气为主宰。（图 4）

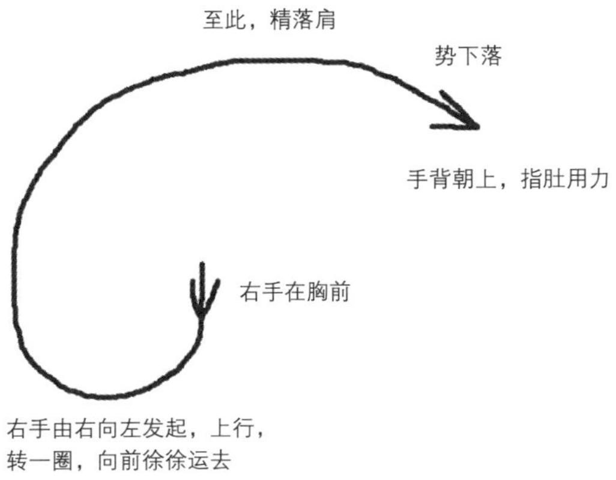

图 4 右手沿线运行图

凡手足运行如前势同，开合无二。必使精神团结，盈聚不散。至于眼神，看在右手中指，中指落与眼平。肩膀骨节不开，则胳膊转动不灵；胸合不住，则横气充塞，转动多滞；裆开不圆，则旋转不随。由此，上、中、下三节皆不可忽略。顶劲不领，则身如麻绳，不能自主。顶劲是何物？乃是心中一念之正气上充至顶。顶劲由百会穴、涌泉，提到会阴、脑后，由后脑顶以下、项中两部筋间下至长强，其意上下竖起。不可过，过则项硬；不可不及，不及则向前倒；得其中而已。

右手为主，左手为宾。右手属阴，其运动则为阴中之阳；左手为阳，形其屈，屈则为阳中之阴。阴阳互助，根不可分。两橛自指缠渊腋，是引进（引进者，诱而进。吾以尽其气也）。劲由内向外缠，至指中，是为阳劲，即击搏之劲。有先引，引足而后击之。有功夫者，即引即击。于此，足于不足，微是阴阳之妙。

盖无极者，一无所有。

无形声不曰无极，而曰太极。

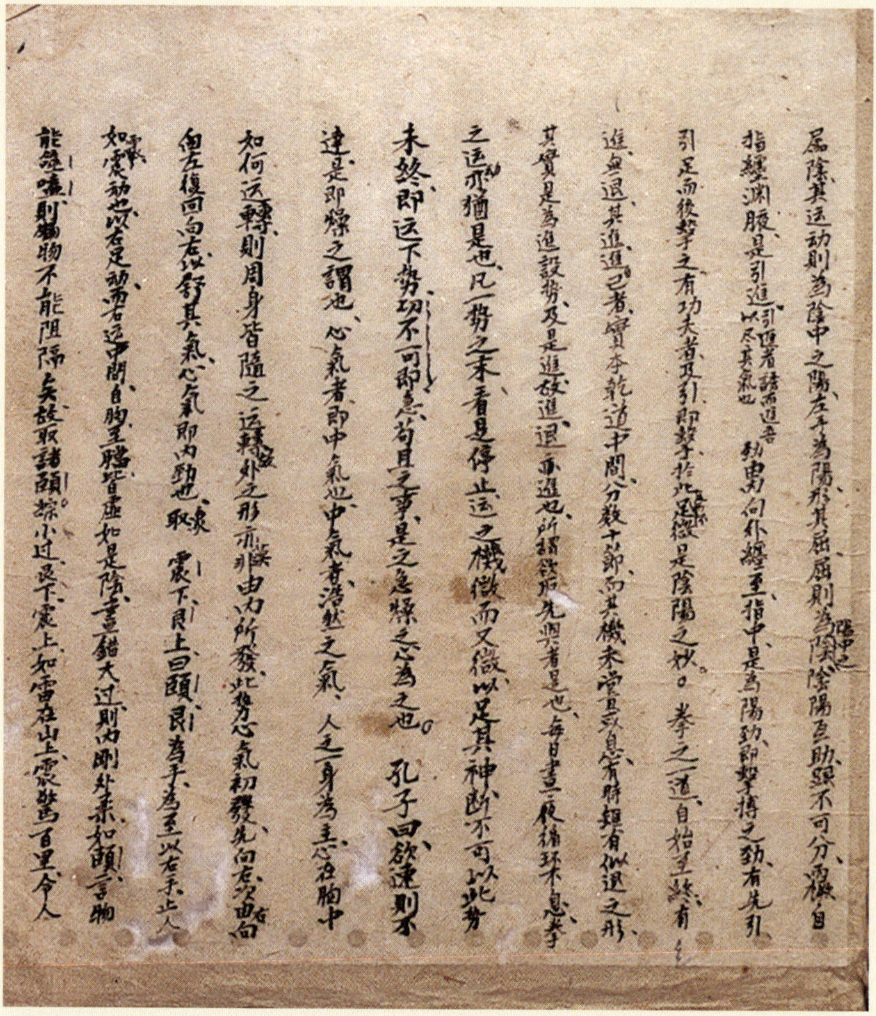

屈陰、其運動則為陰中之陽、左手為陽形其屈、屈則為陽中之陰、陰陽互助、須不可分、兩相自
指纏淵腹、是引進（引進者誘而進之、以盡其氣也）動由內向外纏至指中、是為陽勁、即拳手掙之勁、有先引
引足而後拳之、有功夫者、及引即拳、于此見微、是陰陽之妙。拳之一道、自始至終、有
進無退、其進進已者、實李乾道中間分數十節、而其機未嘗且或息、有時頓有似退之形、
其實是為進、設勢及是進、故進退而進也、所謂欲前先與者是也、每日晝一夜循環不息、拳
之運動、猶是也、凡一勢之末、看是停止、運之機微而又微、以足其神、斷不可以此勢
未終、即運下勢、切不可即息、苟且之事、是之急躁之心為之也。孔子曰、欲速則不
達、是即躁之謂也、心氣者、即中氣也、中氣者、浩然之氣、人之一身為主、心在胸中
如何運轉、則周身皆隨之運轉、外之形亦莫非由內所發、此勢心氣初發先向右、次曲右
向左、復回向右、以舒其氣、心氣即內勁也、取象 震下艮上曰頤、艮為手、為互、以右手止人
如震動也、以右足動而右運中間、自胸至膽皆虛、如是陰、貫錯大過、則內剛外柔、如頤字物
能噬嗑、則物不能阻隔矣、故取諸頤、綜小過、艮下震上、如雷在山上、震驚百里、令人

拳之一道，自始至终，有进无退。其进，进自己者，实本乾道中间分数十节，而其机未尝或息。有时虽有似退之形，其实是为进设势。及是进，故进，退亦进也。所谓欲取先予者是也。每日昼夜循环不息，拳之运动亦犹是也。凡一势之末，看是停止，运之机，微而又微，以足其神。断不可以此势未终，即运下势。切不可即急。苟且之事，是之急躁之心为之也。孔子曰 “欲速则不达”，是急躁之谓也。

心气图

心气者，即中气也。中气者，浩然之气。人之一身以心为主，心在胸中如何运转，则周身皆随之运转。故外之形，亦莫非由内所发。此势心气初发，先向右，次由右向左，复回向右，以舒其气，心气即内劲也。（图 5）

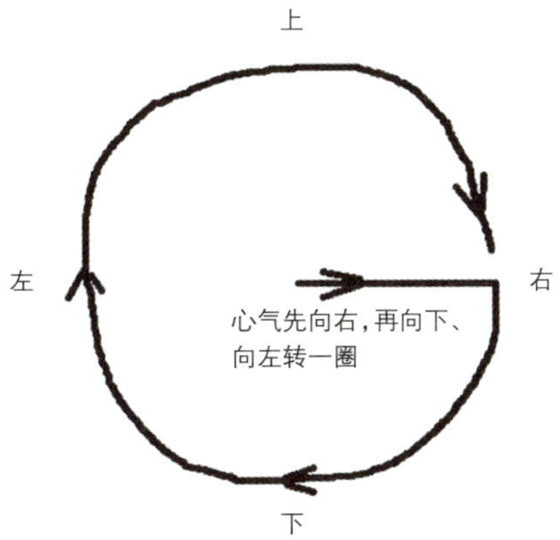

图 5 心气图

取象

震下、艮上曰颐。艮为手，为至以右手，止人如震，震动也。以右足动，而右运中间。自胸至裆，皆虚如是阴。昼错大过，则内刚外柔。如颐，言物能噬嗑，则物不能阻隔矣，故取诸颐。综小过，艮下，震上，如雷在山上，震惊百里，令人不及掩耳。足下屹立如山。

无形声不曰无极，而曰太极。

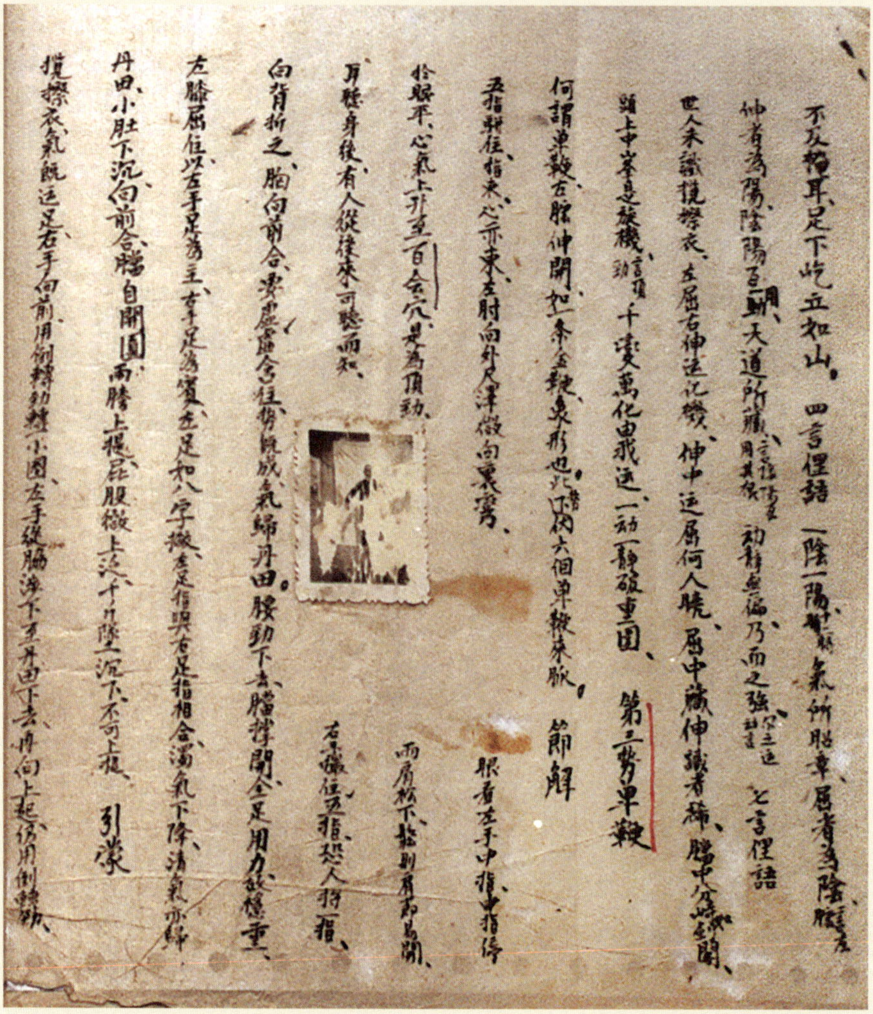

不及掩耳，足下屹立如山。 四言俚語 一陰一陽謂之氣所賦稟，屈者為陰，
伸者為陽，陰陽互用，天道所藏，言陰陽互用其妙 剛柔無偏，乃為之強。不言之運強言 七言俚語
世人未識攬擦衣，左屈右伸運化機，伸中運屈何人曉，屈中藏伸識者稀，胸中合腰中開，
頭上中峯是旋機，言頂勁 千變萬化由我運，一動一靜破重圍。 第二勢單鞭
何謂單鞭？右腿伸開，如一條金鞭象形也，此勢下內六個單鞭來脉。 節解
五指聚在指東，心亦東，左肘向外，尺澤微向裏窩。 眼看左手中指，中指停
兩腿平，心氣上升至百會穴，是為頂勁。 兩肩松下，整則肩節易開，
耳聽身後，有人從後來可聽而知。 右手撮住五指，想人將一摺，
向背折之，胸向前合，要虛處含住，勢既成，氣歸丹田。腰勁下去，襠勁開，全足用力，放穩重，
左膝屈住，以左手足為主，右手足為賓，左足如八字撇，左足指與右足指相合，濁氣下降，清氣亦歸
丹田，小肚下沉，向前合，襠自開圓，兩膝上提，屁股微上送，十趾墜，沉下，不可上提。 引蒙
攬擦衣，氣既運足，右手向前，用倒轉勁，轉一小圈，左手從腦海下至丹田下去，再向上起，仍用倒轉勁，

四言俚语

一阴一阳（十二时辰），气所昭彰。

屈者为阴（言左肱），伸者为阳。

阴阳互用，天道所藏（言阴阳互用其根）。

动静无偏，乃尔之强（“尔”指运动者言）。

七言俚语

世人未识揽扎衣，左屈右伸运化机。

伸中运屈何人晓？屈中藏伸识者稀。

裆中分峙如剑阁，头上中峰是玄机（言顶劲）。

千变万化由我运，一动一静破重围。

第三式　单鞭

何谓单鞭？左肱伸开，如一条金鞭，象形也。此势伏下六个单鞭来脉。

节解

（左手）五指骈住，指束，心亦束。左肘向外，尺泽微向里弯。眼看左手中指，中指停与眼平。心气上升至百会穴，是为顶劲。两肩松下，松则肩节易开。耳听身后，有人从后来可听而知。右手撮住五指，恐人捋一指向背折之。胸向前合，要虚，虚含住。势既成，气归丹田。腰劲下去，裆撑开。全足用力，故稳重。左膝屈住，以左手足为主，右手足为宾。（右足趾向里钩住，）左足如八字撇，左足趾与右足趾相合。浊气下降，清气亦归丹田。小肚下沉向前合，裆自开圆。两胯上提，屁股微上泛，千斤坠沉下，不可上提。（图6）

无形声不曰无极，而曰太极。

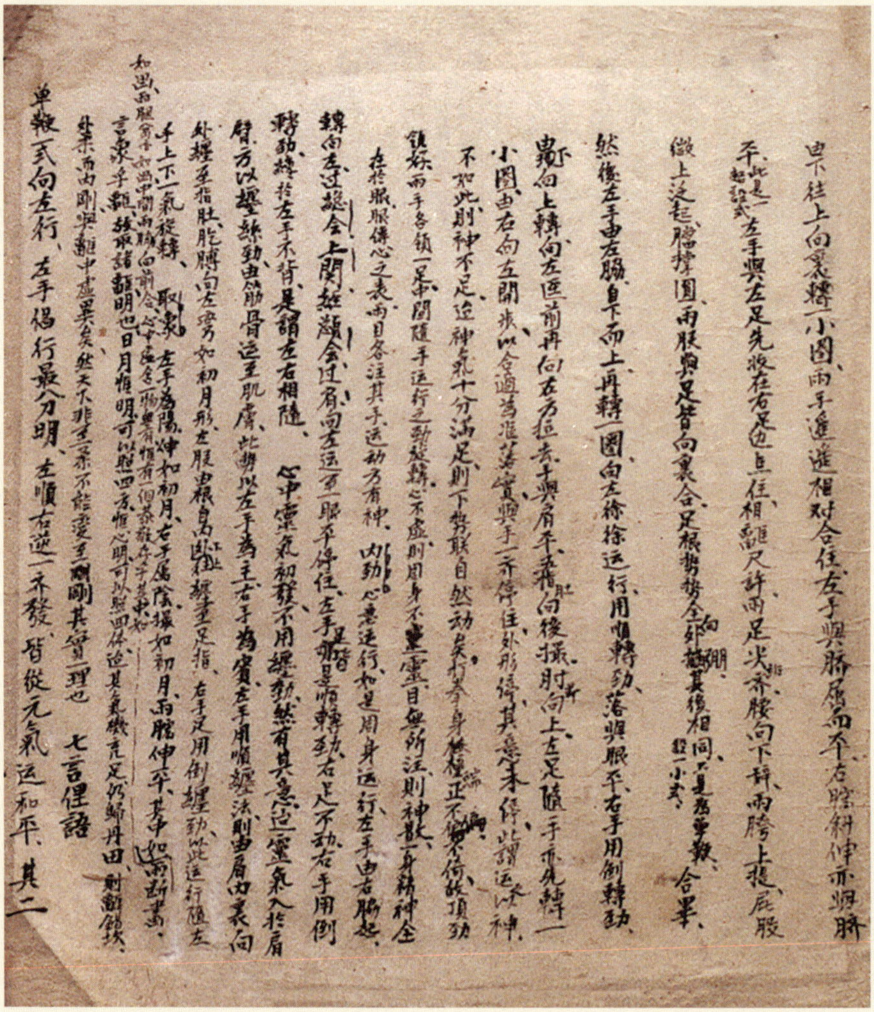
由下往上向裹转一小圈，两手遥遥相对合住，左手与脐居而平，右胯斜伸亦与脐
平。此是一起势式 左手与左足先收在右足边上住，相离尺许，两足尖齐，腰向下干，两膝上提，屁股
微上泛起，裆撑圆，两肢与足皆向裹合，足根势势全如向朝，其后相同，不是为要歉。合毕。设一小式。
然后左手由左胁自下而上再转一圈，向左徐徐运行，用顺转劲，落与眼平，右手用倒转劲
自下向上转，向左过前，再向右方运去，手与肩平，齐肚向后摄，肘向上，左足随手亦先转一
小圈，由右向左开步，以合适为准，落实，与手一齐停住，外形待其意来，停此，谓运以神。
不如此，则神不足，运神气十分满足，则下势联自然动矣，行拳身躯端正，不偏不倚，故顶劲
领好。两手各领一足，中间随手运行之劲旋转，心不虚则周身不灵，目无所注则神散，一身精神全
在于眼，眼为心之表，而目各注其手运动方有神。内劲 心意运行，如是周身运行，左手由右胁起，
转向左过头，会上关，与额会，过肩向左运至一眼平停住，左手皆是顺转劲，右足不动，右手用倒
转劲，转于左手不背，是谓左右相随。心中灵气初发，不用缠劲，然有其意运灵气，入于肩
臂，方以缠丝劲由筋骨运至肌肤，此势以左手为主，右手为宾，左手用顺缠法，则由肩内裹向
外缠至指肚，肱膊向左旁，如初月形，左肢由根自内缠外，缠至足指，右手足用倒缠劲，从运行随左
手上下一气旋转。取象 左手为阳，坤如初月，右手属阴，据如初月，两肱伸平，其中如两断弦
如幽两肱有合如幽中开两肱向前合，心中画个一物，要有恒有一个恭敬存乎其中，如
言象手额，故取诸额明也，日月恒明，可以照四方，恒心明可以照四体，运其气机，充足仍归丹田，则齐钱。
丝来而由刚与虚中虚其矣，然天下非其不能变至刚，刚其实一理也 七言俚语
单鞭一式向左行，左手偶行最分明，左顺右逆一齐发，皆从元气运和平。其二

图 6 单鞭

引蒙

揽扎衣，气既运足，右手向前，用倒转劲转一小圈。左手从肋涉下，至丹田下去，再向上起，仍用倒转劲。由下往上向里转一小圈，两手遥遥相对合住。左手与脐屈而平，右肱斜伸，亦与脐平（此是一起设式）。左手与左足先收在右足边点住，相离尺许。两足尖站齐，腰向下辞。两胯上提，屁股微上泛起。裆撑圆，两股与足皆向里合。足跟势势全向外蹦，其后相同（上是为单鞭设一小式）。合毕。然后左手由左肋自下而上再转一圈，向左徐徐运行，用顺转劲，落与眼平。右手用倒转劲，由下向上转，向左经前再向右方拉去。手与肩平，五指肚向后撮。肘节向上，左足随手亦先转一小圈，由右向左开步，以合适为准，落实，与手一齐停住。外形停，其意未停，此谓运之以神。不如此，则神不足。迨神气十分满足，则下势连自然动矣。

打拳身桩端正，不偏不倚，故顶劲领好。两手各领一足，中间随手运行之劲旋转。心不虚，则周身不灵；目无所注则神散。一身精神全在于眼，眼传心之表。两目各注其手，运动方有神。

内劲

心意运行如是，周身运行。左手由右肋起，转向左，过总会、上关，经囟会，过肩，向左运至眼平，停住。左手足皆是顺转劲。右足不动，右手用倒转劲，才与左手不背，是谓左右相随。

心中灵气初发，不用缠劲，然有其意。迨灵气入于肩臂，方以缠丝劲由筋骨运至肌肤。此势以左手为主，右手为宾。左手用顺缠法，则由肩内里向外缠至指肚，胳膊向左弯，如初月形。左股由根自内往外缠至足趾。右手足用倒缠劲，以此运行随左手上下一气旋转。

取象

左手为阳，伸如初月；右手属阴，撮如初月。两肱伸平如画，两腿叉亦如画。中间两肋向前合，心中虚含，一物无有，惟有一个恭敬存乎其中。如其中两断如画，言象乎离，故取诸离。（离），明也。日月惟明，可以照四方。惟心明，可以照四体。迨其气机充足，仍归丹田，则离错坎。外柔而内刚，与离中虚异矣。然天下非至柔不能变至刚，其实一理也。

七言俚语

其一

单鞭一式向左行，左手倡行最分明。

左顺右逆一齐发，皆从元气运和平。

其二

单鞭一势最为雄，一字长蛇亘西东。

击首尾动精神贯，击尾首动脉络通。

当中一击首尾动，上下四旁扣如封。

若问此中真消息（即线索），须寻脊背骨节中（一身关键皆在于此）。

單鞭一勢最為雄、（一字長蛇西東）擊首尾動精神貫、（擊尾首動）脈絡通、當中一擊首尾動、
上下四旁扣如封、若問此中真消息、（即緣索）須尋脊背骨節中、（一身之筋骨皆在於此）
四勢金剛擣碓　本式從第三個金剛擣碓來龍、上是單鞭、下接白鵝亮翅、夾縫
中勢無此之合上勢之開、無以束下勢之開、故得夾此歸原之勢以為承上啟下、如一彌縫筆使上下結
搆融洽無間、血脈貫通而後一氣相承、運動無礙、每逢一式上下夾縫中皆要留神、每逢一式皆可作上下
過脈觀、　引蒙　單鞭畢、兩肩鬆下、左手上提、向胸由下向外上行、復轉向裏、落於胸前、
在左手上提時、右手即低下、由下向前、先繞到左手外面、上行向裏轉拧拳、落到左手腕中、此是兩手各
轉一圈、當左手提時、左足大鍾、涌泉（即足後根）順轉向左扭去、足根不動移、足尖向西落住、右足隨右
手、由後向前、由下向上、轉一圈、落下於左足齊、此式實為周身發動之始、陰陽變化之原、是象式之
母也、向前運、苟不回顧其母、恐流於偏倚、不可挽救、運動自始至終、惟有首式外形端正嚴肅、胸中
心氣和平、有太和元氣之氣象、惟返顧其母、屢發而不離乎、故不失太極拳之宗旨、故始終之四見、皆此
意也、　節解
耳聽身後要靜敬、須勁領起、　兩肩下鬆、襠勁下去撑圓、要虛、腰勁下去、
氣歸丹田、足平踏、左實右虛　內勁與首式相同、取象同首式
七言俚語　前已立過金剛勢、　為何又遇主人翁、彼因尊王面向北、
此為轉身背朝東、　上承單鞭原有意、下接白鵝詎相同、
一勢自有一勢格、　異曲歌來韻上同、（拳以首勢為主、故曰主人翁）
第二金剛面向西、周身運轉手足齊、　右虛左實君須記、莫令葱葱亂馬蹄、
第五式　白鵝亮翅　何謂白鵝亮翅、左右手由左脇向右轉、如鵝之展翅、象形也、　節解
首式面向正北、以下身法轉移方向、皆以首式為主、握而移之、又以身之左右言之、打拳方向東西

无形声不曰无极，而曰太极。

第四式　金刚捣碓

本式伏第三个金刚捣碓来龙。上是单鞭，下接白鹅亮翅，夹缝中势无此之合，上势之开，无以束下势之开，故得夹此归原之势。以为承上启下，如一弥缝，欲使上下结构融洽、无间，血脉贯通，而后一气相承，运动无碍。每逢一式，上下夹缝中皆要留神。每逢一式，皆可作上下过脉观。

引蒙

单鞭毕，两肩松下，左手上提，向胸由下向外上行，复转向里，落于胸前。在左手上提时，右手即低下，由下向前先绕到左手外面，上行向里转，将拳落到左手腕中，此是两手各转一圈。当左手提时，左足大钟、涌泉（即足后跟）顺转向左扭去。足跟不动移，足尖向西落住。右足随右手由后向前，由下向上转一圈落下，与左足齐。此式实为周身发动之始，阴阳变化之原，是众式之母也。向前运，苟不回顾其母，恐流于偏倚，不可挽救。运动自始至终，惟有首式外形端正、严肃，胸中心气和平，有太和元气，气象惟返顾其母，庶几而不离乎。故不失太极拳之宗旨，故始终之四见，皆此意也。

节解

耳听身后要静、敬。顶劲领起，两肩下松。裆劲下去，撑圆，要虚。腰劲下去。气归丹田。足平踏，左实右虚。

内劲

与首式相同。

取象

同首式。

七言俚语

前已立过金刚势，为何又遇主人翁？

彼因尊王面向北，此为转身背朝东。

上承单鞭原有意，下接白鹅讵相同。

一势自有一势格，异曲歌来韵上同（拳以首势为主，故曰主人翁）。

第二金刚面向西，周身运转手足齐。

右虚左实君须记，莫令匆匆乱马蹄。

第五式 白鹅亮翅

何谓白鹅亮翅？左右手由左肋向右转，如鹅之展翅。象形也。

节解

首式面向正北，以下身法，转移方向皆以首式为主，推而移之。又以身之左右言之，打拳方向，东西南北皆以此谱（以首式面向北为主），非是一门，八方皆可定位。

左肘沉下。胸向前合。心意自左向右转。左手为宾，随右手转，手腕向前。耳听身后。顶劲领起。此式向西北。两肩松下，两肘沉下。眼看中指。盖此式以右手为主，右手由左肋下冲门（属肺）五枢穴（属三焦）起上行向右转腕向外。此是阴劲，引进法。以左手腕向外，故为阴劲。胸向右合，腰劲下去。两胯上提，裆要撑圆而虚。右足随右手慢弯，向右开步尺余。左足随右足过去，使足尖点地。两膝皆屈，向里合。右足落实，左足虚。为下式使用伏脉。（图 7）

图 7 白鹅亮翅

引蒙

本式上承金刚捣碓。左手落至五枢，右手落在章门。两手由左肋上行慢圆运去，上不过顶，两手远尺许。面向西北，合住胸。两手将运时，右足向右微前开半步，形如初月式。左足随右去，足尖点地。心意随手转。右手由章门起，运与右耳平。手掌向外，是阴劲。引进是阴中阳也。心理表现，手足随之。此式纯是向右引进法。右手顺缠劲，由日月上行过肩井、肩髃、青灵、少海、上廉、下廉，再由下廉至阳池，分往五指；或由阳池向大指根，过手背缠至小指腓，由内分往五指肚。左手由膏肓、魄户、附分逆行而上，至肩髃，过清冷渊，至少海、上廉、支沟、阳池，至大指掌，分往五指肚。此劲皆由外往里缠，逆劲法。后仿此式动作，右腿劲由上向外，往下斜缠至足腓，分往五趾肚。左腿劲由环跳穴往里斜缠下去，至涌泉、照海（二穴在足里面），分往五趾肚。两腿顺逆缠劲，后皆仿此式。开步由足趾提起，落由足大钟先落，渐次向前落实，足心要空。

南北皆以此譜，向北為主非是，一門八方皆可學。左肘沉下，胸向前合，心意自左向右轉，左手為賓，隨
右手轉，手腕向前，耳聽身後，頂勁領起，此式向西北，兩肩鬆下，兩肘沉下，眼看中指，蓋此式以右手為主，
右手由左脇下衝門、五樞穴屬三焦起，上行向右，轉腕向外，此是陰勁，引進法，以左手
腕向外，故為陰勁，胸向右合，腰勁下去，兩膝上提，襠要撑圓而虛，右足隨右手慢慢為弓
向右開步尺餘，左足隨右足過去，使足尖點地，兩膝皆屈，向裏合，右足落實，左足虛，為下
式使用伏脈，五引蒙，本式上承金剛搗碓，左手落至五樞，右手落在章門，兩手由左
脇上行，慢慢圓運去，上不過頂，兩手遠尺許，面向西北，合住胸，兩手將運時，右足向
右偺前開半步，形如初月，式左足隨右足去，足尖點地，心意隨手轉，右手由章門起，運於右耳

往五指

平手掌向外，是陰勁引進，是陰中陽也，心理表現，手足隨之，此式純是向右引進
法，右手順纏勁由日月上行，過肩井、肩顒、青龙、少海，上臑下臑，再由下臑至陽池，分往五指，或
由陽池向大指根，過手背，纏至小指，肺由內分往五指肚，左手由高骨、盲死戶附分，逆行而上至

魂戶
青冷

肩顒，過青靈、淵腋至少海、上臑、陽池下，支撑至大指掌，分往五指肚，此勁皆由外往裏，纏逆勁法，復
做此式動作，右腿勁由上向外往下斜纏至足腓，分往五指肚，左腿勁由环跳穴往裏斜纏下去，
丟泉、少海二穴在足裏面，分往五指肚，兩腿順逆纏勁，後皆做此式，開步由足指提起，落由足大钟先
落，暫次向前落實，足心要空。　取象　左右足隨左右手，若有龍親附右手，意其意
不然，心中之意發動，而全体官骸皆如其意之運動，是以純是柔順中正，觀其形体有外比象，有類
比象，故取諸比，得下卦坤柔，上坎剛，中意引而出，有順式撫摩之，使進以伸，他之勁，其勁散，全不得
式欲進退，不得引入，然隨上下氣柔並行不悖，剛來而下柔，動而說隨，故取諸隨，乘注同体天王 隨蠱二卦
綜一卦，言蠱下卦是柔，今艮剛來居柔也，動而說者，下動而上說也。　蠱巽下艮上，震下兑上，故言于兑上一
于下，一而為震，是剛來而下于
蒂全是八卦中易明意也。　兩手分開，兑上缺象，震為足，兩足一虛一實，陽藏於陰之下，下之言震象曰

17

取象

左右足随左右手，若有龙亲附右手意，其意不然。心中之意发动，而全体官骸皆如其意之运动，是比自内，柔顺、中正。观其形体，有外比象，有显比象，故取诸《比》。得下卦坤柔、上坎刚，中意引而击。有顺式牵之，使进以抖他之劲。其劲散，全不得式，欲进退不得，引入妙境也。上下气并行不悖。刚来而下柔，动而说随，故取诸《随》。（来注:《随》《蛊》二卦同体，文王综一卦言《蛊》。下卦是柔，今艮刚来居于下，一而为震，是刚来而下于柔也。动而说者，下动而上说也。蛊巽下、艮上、震下、兑上，故言于兑。上一节全是八卦中易命名也。）两手分开，兑上缺象。震为足，两足一虚一实。阳藏于阴之下（下之言震）。《象》曰:泽中有雷，随，君子向晦入息。但用引劲，而击搏之劲，自藏于引进之中。

七言俚语

其一

闲来无事看白鹅，左右舒翅又一波。

两手引如搂峰势，何殊秋水出太阿。

其二

元气何从识太和，右碾（碾者，转之半也）两手弄秋螺。

北方引进神机足，亮翅由霄腾白鹅。

白鹅亮翅与搂膝拗步作为一式方成大开大合。

无形声不曰无极，而曰太极。

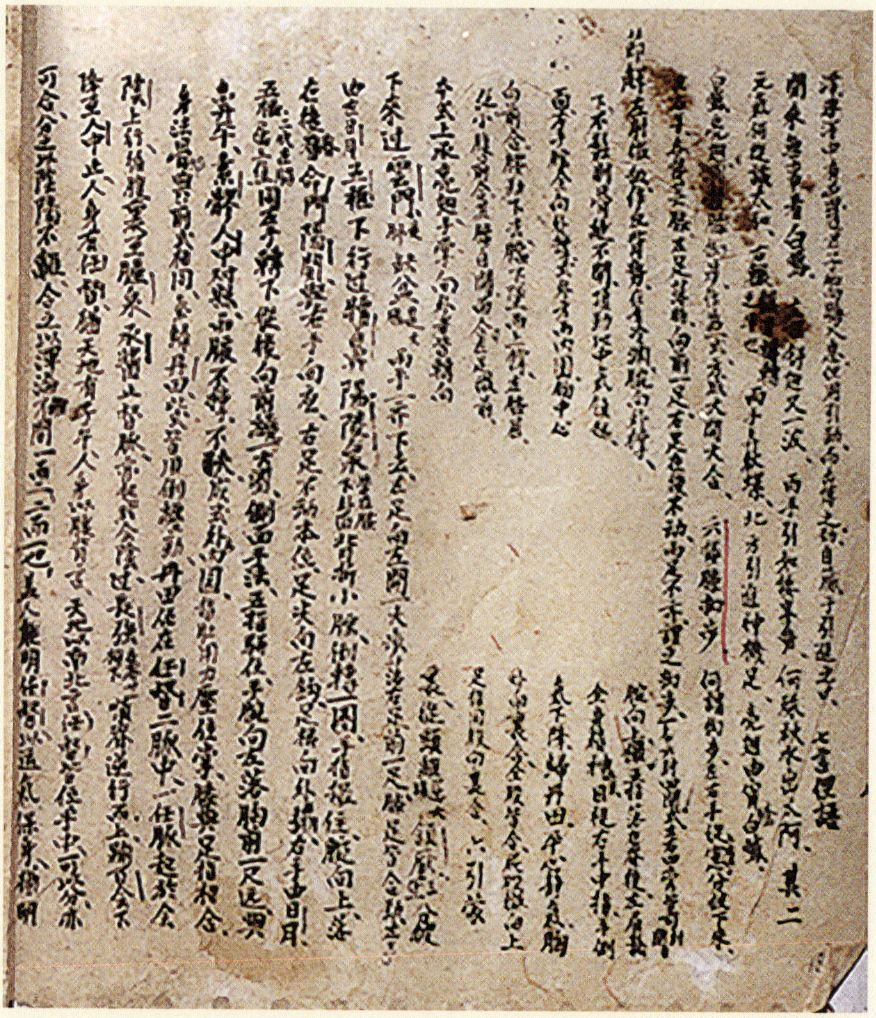

第六式　搂膝拗步

何谓拗步？左右手从上膺窗分披下来，左右手各搂其膝。左足落时，向前一足，右足在后不动。两足不齐，谓之拗步。一名六封四闭式，左右四旁皆可封闭。

节解

左肘微扭，做反背势，在清冷渊。腕向外撑，腕向上撮，五指落在脊后。左肩松下，不松则骨缝不开。顶劲以中气领起。全身精神在目，目视右手中指。手侧面，右手肱全向外撑，式外方而内圆。胸中心气下降，归丹田，平心静气。胸向前合，腰劲下去，裆下坠而上撑。左膝屈，外向里合，全股皆合，屁股微向上泛，小腹前合，其裆自开而合。左足微前，足趾同股向里合。（图 8）

图 8　搂膝拗步

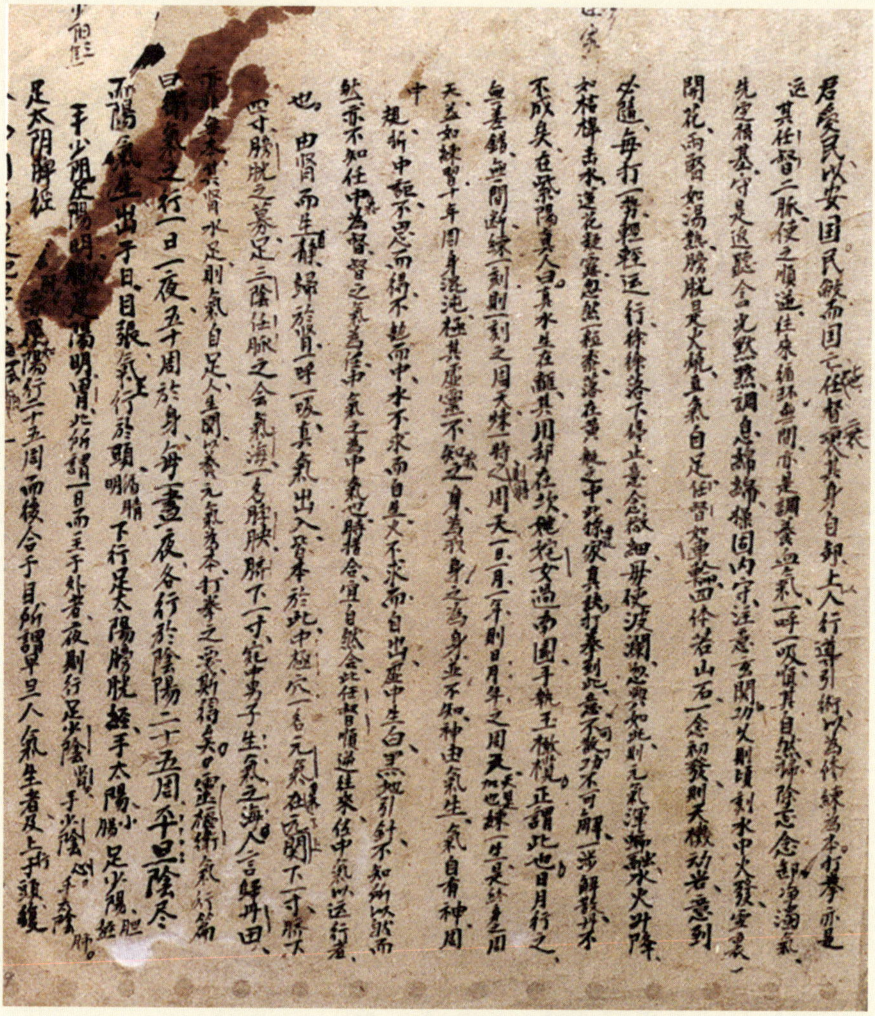

君愛民以安国，民斂而国治。任督交於其身，自卻上人行導引術，以為修練為本，打拳亦是
運其任督二脈，使之順遂，往來循环無間，亦是調養血氣，一呼一吸，順其自然，歸除志念，卻净滿氣，
先空積基，守是返聽，含光默默，調息綿綿，握固内守，注意玄関，功久則頃刻水中火發，雪裏
開花，兩腎如湯熱，膀胱是火燒，真氣自足，任督交通，輪回伏若山石，一念初發，則天機動矣，意到
氣隨，每打一勢，輕輕運行，徐徐落下，得止意念微細，毋使波瀾，忽若不知，此則元氣渾融，水火升降，
如枯樹出水蓮花，恍惚然一粒黍落在黄庭之中，此係家真訣，打拳到此，意不使力不可解，一勞解散，并不
不成矣。在紫陽真人曰：真水生在離，其用卻在坎，姹女過南園，手執玉橄欖，正謂此也。日月行之
無差錯，無間斷。練一刻則一刻之周天，練一時之周天，一日、一月、一年則日月年之周天，天是如此，練一生是終身之周
天。蓋知練習十年，周身混沌，極其虛靈，不知有己之身為我身之為身，並不知神由氣生，氣自有神周
中。
超斯中極不思而得，不勉而中，水不求而自足，火不求而自出，虛中生白，如引針，不知所以然而
然，亦不知任中為督，督之氣為任中，氣之為中氣也。此時精含宜自然合此任督順逆，往來任中氣以運行者，
也。由腎而生精，歸於腎，一呼一吸，真氣出入皆本於此中極穴，一名元氣，在臍下一寸，臍下
四寸膀胱之募，足三陰任脈之会，氣海一名脖胦，臍下一寸半，男子生氣之海，人言丹田，
命門無本真，腎水足則氣自足，人生固以養元氣為本，打拳之要斯得矣。靈樞衛氣行篇
曰：衛氣之行，一日一夜五十周於身，每晝夜各行於陰陽二十五周，平旦陰盡
而陽氣生，出于目，目張氣上行於頭，晴明，下行足太陽膀胱經，手太陽小腸，足少陽膽經，
手少陽、足陽明，陽明胃，此所謂一日而至手外者，夜則行足少陰腎，手少陰心，手太陰肺。
少陽經
足太陰脾經
陽行二十五周，而後合于目，所謂平旦人氣生者，及上于頭矣

无形声不曰无极，而曰太极。

引蒙

本式上承亮翅，手掌向外者，皆转向里，从头维（属大肠）、颔厌（三焦）分披下来，过云门（是肺）、缺盆（是大肠），两手一齐下去，左足向左开一大步，落右足前一足，膝足皆合劲，左手由左日月、五枢下行过犊鼻、阳陵泉（皆在膝下外面）背折小肱，倒转一圈，手指撮住，腕向上，落在后脊命门、阳关，与右手相应。右足不动本位，足尖向左钩，足跟向外蹦。右手由日月、五枢（二穴在肋，属三焦）同左手转下，从后向前绕一大圈。侧面手法，五指骈住，手腕向左落胸前一尺远，与鼻平，素髎、人中对照。两腋不撑不夹，成式外方内圆。指肚用力压住掌。膝与足趾相合。身法骨节与前式相同，气归丹田。此式皆用倒缠劲，丹田位在任督二脉中。

任脉、督脉

任脉起于会阴，上行，循腹里至廉泉、承浆止。督脉亦起于会阴，过长强（在脊二十一椎下），顺脊逆行而上，逾百会下降至人中止。人身有任督，犹天地有子午。人身以腹背言，天地以南北言。任督皆位乎中，可以分，亦可合。分之以阴阳不离，合之以浑沦不间。一而二，二而一也。盖人能明任督，以运气保身，犹明君爱民以安国，民敝而国亡，比也。任督衰，其身自卸。上人行导引术，以为修炼为本。打拳亦是，运其任督二脉，使之顺逆、往来循环无间，亦是调养血气。一呼一吸，顺其自然。扫除妄念，卸净浊气。先定根基，后视返听。含光默默，调息绵绵。操固内守，注意玄关。功久则顷刻水中火发，雪里开花。两肾如汤热，膀胱似火烧，真气自足。任督如车轮，四体若山石。一念初发，则天机动岩，意到必随。每打一势，轻轻运行，徐徐落下停止。意念微细，毋使波澜。忽与如此，则元气浑融。水火升降，如桔槔汲水，莲花凝露。忽然一粒黍，落在黄庭之中，此采铅家真诀。打拳到此，意不可散，功不可解。一涉解散，丹不成矣。在紫阳真人曰："真汞生在离，其用却在坎。姹女过南园，手执玉橄榄。"正谓此也。日月行之，无差错，无

无形声不曰无极，而曰太极。

行周心一念静而之行一周身□氣者即此無間斷矣。蓋天一生水，地二生火，似乎水虎、而火龍然一
至藏於脅而後充發 氣至心機一動，即帅命門之真陽從之，至於動極生靜，心氣一降，至即帅氣於丹田。
由足言之 乃先天後天之 況乾坤斷是体用兼具，宜動則動，宜靜則靜，不可執滯，此勢合上勢論。
（此勢為開，此勢為合，此勢推力論，膝以前為開，以後為合，合者合其体，神不但合其四支，而周身通神
一開合往而左手在前，左手在後，左右足合過為度，左小腿正，不可偏斜，又與合之中有開之形也。矣曰
若不如此，則下勢何以收乎。凡一勢中虎□而後合之，合之中藏伏開之勢，以為下式張本，此亦天機自
如此有，非人力所能為，蓋至於氣必歸丹田，蓋丹田是氣之源，氣不此則下式之氣，动必滯竭透
而無力矣，故心歸於此，一動而自然發動而静生也。打拳宜養元氣，氣生於腎，腎水足則元
氣自然充滿，養於胃，胃得其養則長自壯，發於肝，肝氣一動則逆氣横生，氣不得乎涵泳
於心，心無妄念則心氣和，鳴於肺，肺居金，氣之或外舒或洩，怒皆由此鳴之，非於膽，膽大則敢
為，氣係大運於脾，脾多氣少血，開合則动，动則運化不已。佐以大腸，大腸少血多氣，
又輔以小腸，小腸前在臍，後在脊，浮横不存濁氣，未斷氣來於腎者，作强之官，伎巧出焉。
少血多氣，藏精於腎，精神之舍，性命之源，腎有兩枚，有兩係，一係通於心，一係通於臟，氣之所出，
實生於此，氣之所宿，亦宿於此，至於命門，氣所出入之門，故曰命門。十二地支，逐日所守，不
可不知，如剑着人，身即死，拳击着神经則傷，重則亡。歌曰：子踝，丑腰，寅在目，卯面，辰
期已手，午胸，未腹，申在心，酉背，戌期頭，亥股，頸以上是運动家宜所知慎之無犯。又打拳宜
知陰陽，動背為陽，腹為陰，凡足肫、膊、手肘、膝、足面向外者為陽，手腕、肫、膊、肚、腹、腿彎、襠、肚、足底皆
為陰。凡有骨節屈者為陽，伸者為陰，當在外開為陽，外向內收皆為陰，故外面者為陽，引式為陰，有時
動怒方伸而忽縮，是陽變為陰，或是方收而忽放，是陰變為陽。太極之精蘊原是互為其根，故用極其
活動，無定之中自有定，如兩人交手有明引、暗進者，手引手進，有即引即進，大率引為陰，進為陽。

间断。练一刻则一刻之周天；练一时则一时之周天；一日、一月、一年，则日、月、年之周天（天是加也）；练一生是终生之周天。益如练习十年，周身混沌，极其虚灵。不知我之身为我身。之为身，并不知。神由气生，气自有神。周中规，折中矩。不思而得，不勉而中。水不求而自生，火不求而自出。虚中生白，黑地引针，不知所以然而然，亦不知任中气为督，督之气为任，中气之为中气也。时措合，宜自然合。此任督顺逆往来，佐中气以运行者也。由肾而生自静，归于肾，一呼一吸，真气出入，皆本于此。中极穴一名元气。气在关元下一寸，脐下四寸，膀胱之募，足三阴、任脉之会气海；一名脖胦，脐下一寸，宛中男子生气之海。人言归丹田，亦非无本，其肾水足则气自足。人生关，以养元气为本。打拳之要，斯得矣。

《灵枢·卫气行篇》曰：卫气之行，一日一夜五十周于身。每一昼夜，各行于阴阳二十五周。平旦阴尽，而阳气生出于目。目张，气上行于头（循睛明），下行足太阳膀胱经、手太阳（小肠）、足少阳（胆经）、手少阳（三焦）、足阳明（胃）、手阳明（大肠），此所谓一日而主于外者。夜则行足少阴（肾）、手少阴（心）、手太阴（肺）、足太阴脾经。亦如阳行二十五周而后合于目。所谓平旦人气生者，及上行于头，复合于目者是也。要拳每一式，阳气发动一周，身至于静，阴气一动行一周。身即心，心之一念动，阳气行一周；心一念静，阴气行一周。身运气者，即此无间断矣。

盖天一生水，地二生火，似乎水先而火后。然志，藏于肾而根先发，聚于心，心机一动，即率命门之真阳从之。至于动极生静，心气一降，志即率气于丹田。由是言之，离先于坎（是以其用者言之）。况乾坤本是体用兼具，宜动则动，易静则静，不可执滞。

此势合上势论。上势为开，此势为合。以本势论，搂膝以前为开，以后为合。合者，合其体，神不但合，其四肢而周身随神一齐合住。而右手在前，左手置后，左右足合适为度。左小股端正，不可偏斜，又似

盖无极者，一无所有。

合之中有开之形也矣。曰，若不如此，则下势何以收乎？凡一势中先开而后合之，合之中预伏开之势，以为下式张本。此亦天机自如此有，非人力所能为者。至于气必归丹田。盖丹田是气之源。气不如此，则下式之气动必渐竭，运而无力矣，故必归于此。一动而自然，该静而静生也。

打拳宜养元气。气生于肾，肾水足，则元气自然充满；养于胃，胃得其养，则其自壮；发于肝，肝气一动，则逆气横生，气不得其平；涵泳于心，心无妄念则心气和；鸣于肺，肺属金，气之或外舒，或泄漏，皆由以鸣之；壮于胆，胆大则敢为，气倍大；运于脾，脾多气少血，闻声则动，动则运化不已；佐以大肠，大肠少血多气；又辅以小肠，小肠前在脐，后在附脊，滓秽不存，浊气去。斯气来于肾者，作强之官，技巧出焉。少血多气，藏精于肾，精神之舍，性命之源。肾有两枚，有两系，一系通于心，一系通于脑。气之所生，实生于此；气之所宿，亦宿于此。至于命门，气所出入之门户，故曰命门。十二地支，逐日所守在，不可不知。如针着人身即死，拳击着神，轻则伤，重则亡。歌曰：子髁、丑腰、寅在目，卯面、辰期、巳手足，午胸、未腹、申在心，酉背、戌期、亥股续。以上是运动家宜所知，慎之无犯。

又，打拳宜知阴阳劲，背为阳，腹为阴。凡是胳膊、手、肘、膝、足，面向外者为阳，手腕、胳膊、肚腋、腿弯、根、肚、足底皆为阴。凡有骨节，屈为阳，伸者为阴。里往外开为阳，外向内收皆为阴。故外击者为阳，引式为阴。有时劲方伸而忽缩，是阳变为阴；或是方收而忽放，是阴变为阳。太极之根，蕴原是互为其根，故用极其活动，无定之中自有一定。如两人交手，有明一引一进者，半引半进者，有即引即进。大率引为阴，进为阳。

取象

伏羲八卦正位，乾在南方，乾健也。左肘在南，内劲是刚，如乾之健。坤居北方，坤顺也。右肘在北，遂机引动，如坤之顺。离居东方，背在东方，如离之虚明。左手佐之，极其灵动，惟虚故然。坎居西方，如弓，如轮。胸前合，如弓，为加忧。心中恭敬，虚无不周。如之腹背手足皆在乾坤坎离之位上，具兼四卦，故取诸。

长短句俚语

其一

运动本无方，必大开大合。与下式斜形一样，右手在西北，左手镇东南，右足踞西北，左足御东南，中间人字大开裆。两肱伸展，左足拗一步停住。两手平分，齐搂两膝。右手侧面落胸膛，左手背折脊后藏。两足而微分前后，指向西方阵堂堂。整整旗帜，有耀放金光。亦何泥古式，鄙今式，才能短长。东西南北皆正位（言四体合四方之位），乾坤坎离皆为强。任督介中央，六封四闭固封疆。外不侵，内不失，矫矫特此不寻常。才是一阴一阳，浑沦无间不矜张。

其二

右手前，左手后，肘护两肋有主张。背负离，腹向坎，裆开要圆。左足左，右足右，肩髃位乾坤。身桩正无偏，浩气任流转。恨不得足下踏透博厚地，头颅顶破高明天。总是个大气蓬勃中有宰，一动一静皆自然。

七言俚语

其一

太和元气运吾身，先护两膝前后心。

眼神看住中指位，四面八方任人侵。

其二

上承白鹅亮翅开，扣合周身护官骸。

中间一点真命脉（心中灵气），左右皆无任君裁。

其三

元气旋转本无停，官骸借以运流通。

有形造至无形际，方知玄妙在其中。

无形声不曰无极，而曰太极。

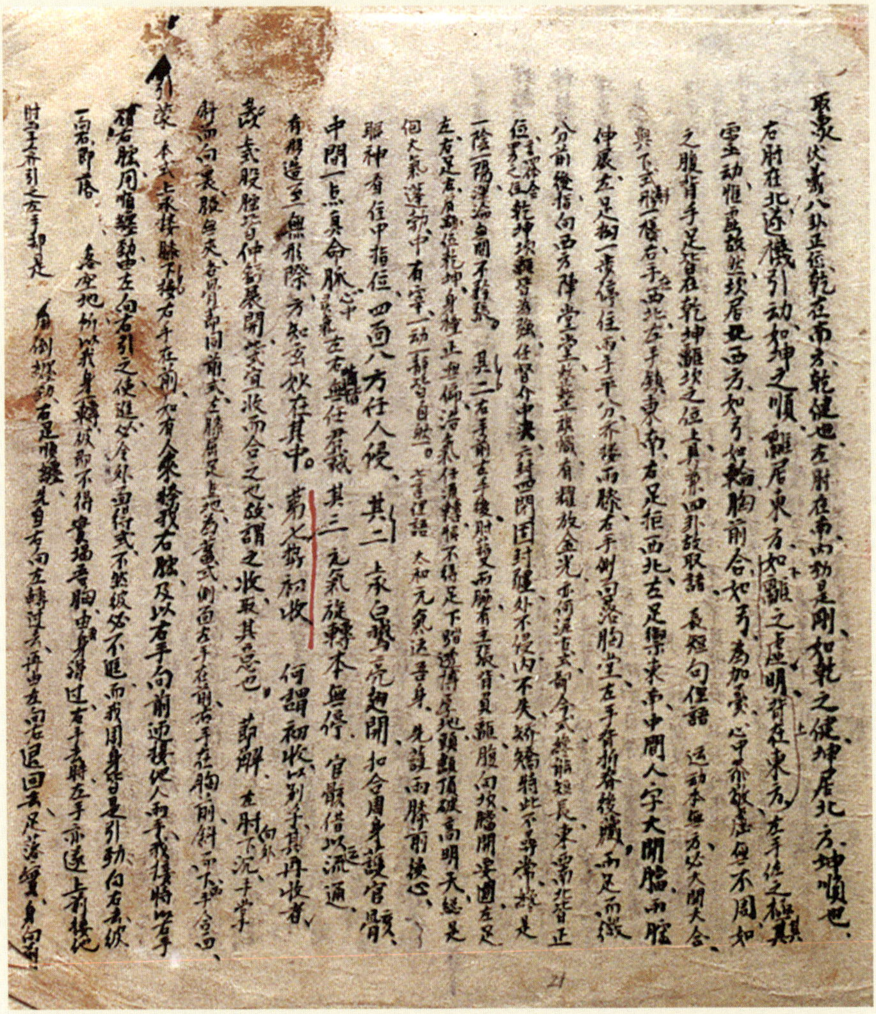
取象伏羲八卦正位，乾在南方，乾健也；左肘在南，内劲是刚，如乾之健。坤居北方，坤顺也，
右肘在北，迷機引动，如坤之顺。離居东方，如離之虚明，背在东方，左手位之極其
灵动。坎居西方，如坎...如輪，胸前合，如坎...加实，心中...无不周。如
之腹背手足皆在乾坤離坎之位上，其余四卦...取諸... 長短句俚語
與下式...一掩，右手西北，左手鎮东南，右足在西北，左足擊东南，中間人字大開，臨而腔
伸展左足，掬一步，停住，西手平分，齐接而膝，右手侧落胸堂，左手背...而足而...
分前後，指向西方，陣堂...有耀放金光...
位...乾坤坎離皆为發，住皆合中央，六封四閉固封鍵，外不侵内不失，矫矯...
一陰一陽...其二 右手...
左右足...浩...
個大氣遂郭，中有...一动一静皆自然。 太和元氣...吾身...
眼神看住中指住，四面八方任人侵。其二 ...白鹅亮翅開，如令周身...
中間一点真命脈，...無任...其三 元氣旋轉本無停，官...借以流通。
有...造至無形際，方知玄妙在其中。 第七势初收 何謂初收...
蓋...股...伸...開...收而合之，是故謂之收，取其意也。 第解 ...
肘而向裹...
引蒙 本式...右手在前，如有人來擒我右腕，及以右手向前逆接...
握右腕用...
一面右即落 ...
肘...引之左手却是 ...倒...

第七式　初收

何谓初收？以别乎其再收者矣。以上式股肱皆伸舒展开，此式宜收而合之也。故谓之收，取其意也。

节解

左肘向外下沉。手掌斜而向里。腋无夹。各骨节同前式。左膝屈足点地，为蓄式。侧面左手在前，右手在胸前，斜而下，两手合面。（图 9）

图 9 初收

引蒙

本式上承搂膝，下接右手在前。如有人来捺我右肱，及以右手向前迎接他人两手，我接时以右手顶右肱，用顺缠劲由左向右引之，使进，必令外面得式，不然彼必不进。而我周身皆是引劲，向右去，彼一向右即落。落空地，所以我身一转，彼即不得实堨吾胸，由吾身滑过。右手去时，左手亦遂上前接他，肘与手齐引之，左手却是用倒缠劲。右足顺

两膝左右合，足手指往内右运去，转人许[illegible]地、腾肩、而皆往刚，三焦[illegible]得其中，使非能伏人之势[illegible]
化之前，无运动，遍身精神全无，总之和合，未能伏人，未动知何取巧，退[illegible]不是早[illegible]，安[illegible]时刻，宜尽此[illegible]
见之非常，且有功夫，切不可空转閒搭，且[illegible]缠丝引進，右手立而旋转于[illegible]、初收右手腕[illegible]
缠丝劲代转，向右引身，[illegible]用旋转随運手足，转[illegible]用[illegible]劲引劲，右手随右向右引，
手先[illegible]上，待来人之时，右手用[illegible]劲，方能送右手一齐运行，右足向右退，非[illegible]、右足随足退去，[illegible]
[illegible]。七取象 巽之二阳在上，以象两手；坤之三阴在下，以象腹。巽上坤下曰观，故取诸观。
观有[illegible]，[illegible]曰大观在上，顺而巽，中正以观天下，[illegible]中之二四爻卦。
震为长子，长子继[illegible]，坤继乾，[illegible]敛束[illegible]身有[illegible]，故又取诸大畜[illegible]。
之取象不可或[illegible]，卦之意，或取其[illegible]或取大小而[illegible]，或卦中一爻或取。孔子系辞说卦序
卦中之一句，种种取法不一，要皆合太极之万象，毕备任人所取，无不各如其意，此之易也。
四言俚语 初收形象，[illegible]，如[illegible]圆[illegible]，知[illegible]人，其来其身，知[illegible]象，全身精神，形[illegible]小。
缠丝回转，一身[illegible]，手[illegible]运，[illegible]收则[illegible]，[illegible]其[illegible]，纵[illegible]风，[illegible]有不伸，此中[illegible]，全在於
神。虽有大[illegible]，[illegible]人。五言 [illegible]蓄势，运动亦如是，意觉服人，胜由[illegible]中致。七言俚语
浑身缠丝总为阴，阴中藏阳人难侵，徐徐引进人圈觉，[illegible]计自深，右实左虚[illegible]。
上提下打当缓播，果能识得其中趣，妙手空空[illegible]今。其二 [illegible] 收得好，
惟有两手转圈小，一收即见精神聚，[illegible]处小更小，不收不見[illegible]，一收一放何矢矫。
转至於小[illegible]，阳气[illegible]不受阴[illegible]，[illegible]左手一收直乳边，右虚右[illegible]。
腾动转圈是[illegible]，[illegible]刚柔中意，[illegible]神[illegible]，此中意[illegible]，[illegible]非[illegible]。
[illegible]之前，惟起[illegible]立见，[illegible]，[illegible]力[illegible]。

缠，先自右向左转过去，再由左向右退回去。足落实，身向前，两膝屈而合。足平踏，停住向右退去，离尺许足点地，膝屈。两肱笼住，刚柔并兼，得其中，使能听他人之劲。静以变动，化之酬应运动。周身精神，全在于心。扣合亦听他人来劲。如何取巧进攻？不是早备，变在临时，制宜耳。以此观之，非素日有功夫，切不可空谈闲论耳。

内劲

缠丝引进，右手在拗步时，手向左。初收右手腕先由右向左用缠丝劲带转向右引身。桩用顺转劲，随手足转去，用周身用骨力才能以真劲引动。左手随右手向右引，手先涉上，接来人之肘。左手用倒转劲，方能随右手一齐运行。右足向右退，非向后退。左足同右足退去，落在右足前侧，用倒转劲。

取象

巽之二阳在上，以象两手。坤之三阴在下，以腹巽上坤下曰观，故取诸观。观有浮若（言中气浮于中），彖曰大观，在上顺而巽，中正以观天下（言我观人如何取式进来）。巽为目，坤顺也（言窥观其式，遂机引诱）。中爻二四合卦，震为长子，长子率师（言之刚气以率四指）。坤错乾（言拳之形似弱实刚），敛束其身有大蓄意，故又取诸大蓄（言养锋蓄锐也）。拳之取象，不可一。或取卦之名，或取彖辞，或取爻辞，或取大小两象，或卦中一语，或取孔子击辞《说卦》《序卦》中之一句。种种取法不一，要皆合太极之万象毕备，任人所取，无各如其意，以去之易也。

四言俚语

初收形象，大气盘旋。如猫捕鼠，团其身体。

如虎啀人，先束其身。如狮搏象，全身精神。

形迹贵小，猬缩同猫。一身灵妙，手眼相随。

说收则收，莫测其意。说放即放，莫当其锐。

从来蠖屈，未有不伸。此中灵妙，全在于神。

虽有大匠，难以语人。

五言

文章贵蓄势，运动亦如是。

意欲先服人，胜由败中致。

七言俚语

其一

浑身猬缩纯为阴，阴中藏阳人难侵。

徐徐引进人罔觉，层层陷阱计自深。

右实左虚理戛击，上提下打寓纵擒。

果能识得其中趣，妙手空空冠当今。

其二

欲从开后（搂膝式末合中之开）收得好，惟有两手转圈小。

一收即见精神聚，聚到极处小更小。

不收不见收中情，一收一放何失矫。

卷至于小莫能破，阳气终不受阴牢。

右掌向里指朝天，右手一收进乳边。

左虚右实足叉开，裆劲撑圆似虹桥。

外柔内刚拳中意，虚虚实实神皆到。

此中意蓄精中健（一言难绘），扑鼠请君看灵猫。

灵猫捕鼠式之前，惟恐此身令鼠见。

猫眼爪牙骨缩紧，先为蓄劲精力健。

欲扬先抑理本同，独此一收岂不然。

第八式　斜行拗步

节解

拗步左足西南，右足东北，左右相拗，谓拗步。左手在东南，撮住五指在脊后。右手在西北，五指骈住，掌向西北。周身骨节同搂膝。右股展开，膝微屈而合。足在东北，足趾前钩，足跟外翢，向后如蹬。左膝屈住，足在西南，八字形，心意前钩。（图 10）

图 10 斜行拗步

引蒙

本式承上初收。左手在左肋者，即以左手领住左足，用顺转，由内向外，向西南开上一步，左手至上而下大转一倒圈，搂膝后，右手领右足向西南上一步，搂右膝（对面）后，左手再领左足向斜再上一步。手搂后撮住五指，落东南，手腕朝上停住。右足不动，手到后即向前转，手到前面转向西北展开，五指骈住，停时中指落与眼平。此式大斜方向，与搂膝式形虽不同，其意皆同。

无形声不曰无极，而曰太极。

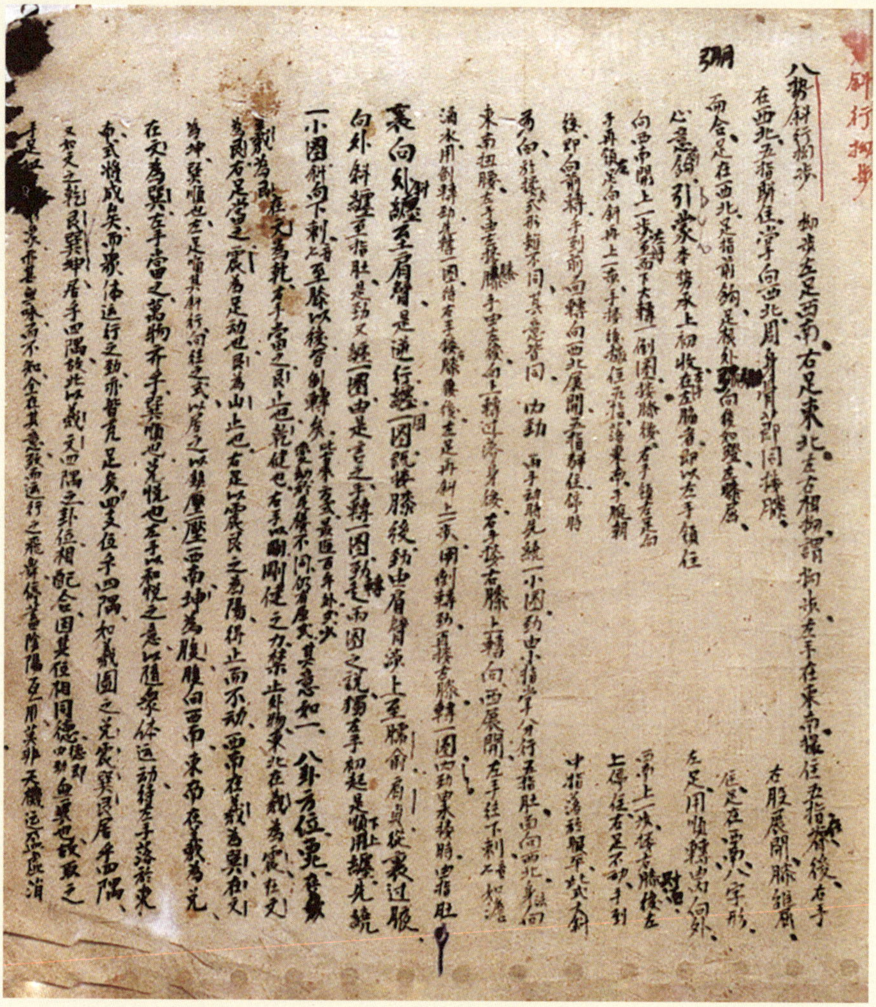

内劲

两手动时先绕一小圈，劲由小指掌分行五指肚。面向西北（身法），向东南扭腰，左手由左搂膝，手由左后向上转过落身后。右手搂右膝，上转向西展开。左手往下刺（音七），如澹滴水，用倒转劲，先转一圈，待右手搂右膝覆后，左足再斜上一步，用倒转劲。再搂左膝，转一圈。内劲由未搂时，由指肚里向外斜缠至肩臂，是逆行。缠一周圈，即搂膝后，劲由肩臂涉上至臑俞、肩贞，从里过腋，向外斜缠至指肚，是劲又缠一圈。由是言之，手转一圈，劲转走两圈之说，独左手初起是用顺缠，先绕一小圈，斜向下刺（音七），至膝以后，皆倒转矣（此古来方式，最近百年外式少变动，于先样不同，仍有原式），其意如一。

八卦方位

西北，在羲为艮，在文为乾。右手当之，艮止也，乾健也。右手以刚，刚健之力，禁止外物。

东北，在羲为震，在文为艮。右足当之，震为足动也，艮为山止也。右足以震艮之为阳，得止而不动。

西南，在羲为巽，在文为坤，巽顺也。左足顺其斜行向往之式以居之，以镇压西南。坤为腹，腹向西南。

东南，在羲为兑，在文为巽。左手当之，万物齐乎。巽顺也，兑悦也。左手以和悦之意，以随众体运动。待左手落于东南，式将成矣。而众体运行之劲，亦皆充足矣。

四支位乎四隅，如羲图之兑、震、巽、艮居乎四隅。又如文之乾、艮、巽、坤居乎四隅，故此以羲、文四隅之卦位相配合，因其位相同，德（德即内劲）无异也，故取之。手足以方位取象，亦甚无味，而不知全在其意，致而运行之飞舞。停蓄阴阳互用，莫非天机运盈虚消（息）运化其中，故或刚或柔，或急或徐，忽上忽下，忽前忽后，皆有自然之妙，用以与方隅之卦。性情相合者，非运动能合羲、文之卦中之理，借运动以著留者也。至此，抑扬顿挫，若似天机，应该如此，实天理该如此也。

无形声不曰无极，而曰太极。

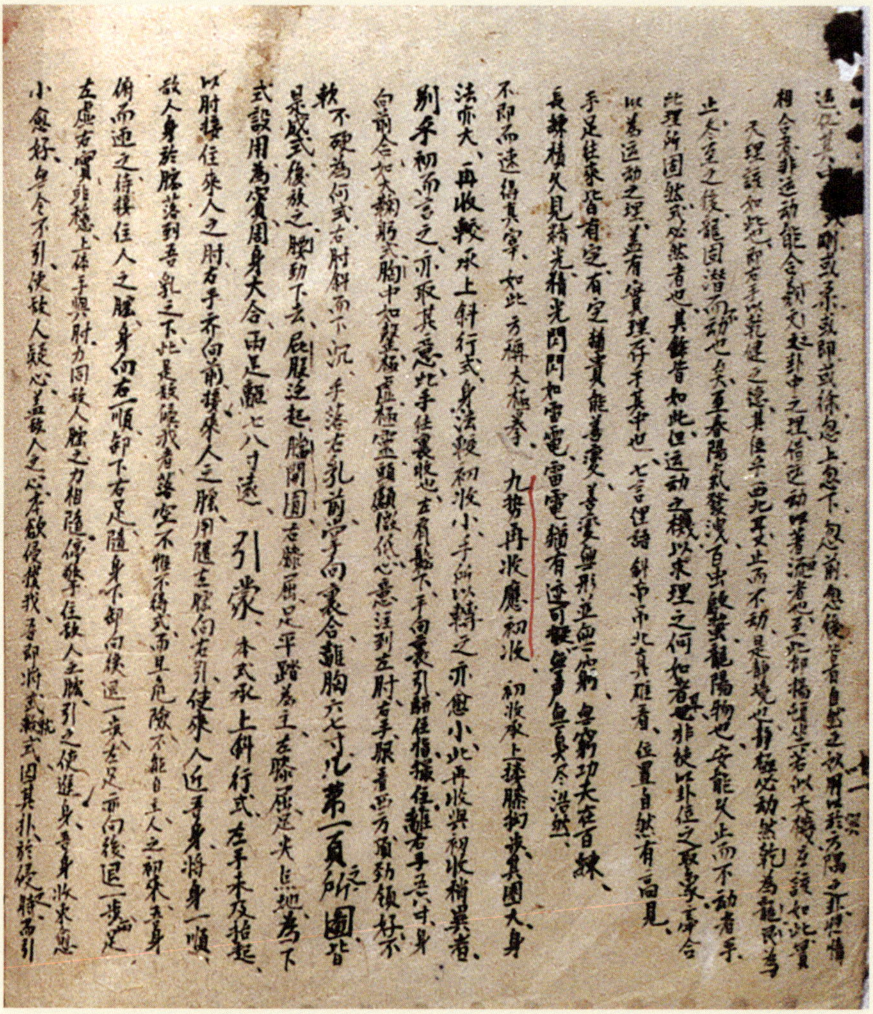

逆[illegible]其中[illegible]剛或柔或即或徐忽上忽下忽前忽後皆有自然之妙用以利方隅之非禅
相合者非運動能合乾元太卦中之理借逆動以著順者也至於卻搞頓止若以天機玄談如此實
天理該如是也即右手以乾健之德其往乎西北耳又止而不動是靜境也靜極必動然乾為龍為
止冬至之後龍固潛而動也矣至春陽氣發洩百蟲驚蟄龍陽物也安能久止而不動者乎
此理所固然或必然者也其餘皆如此但運動之機以求理之何如者是也非徒以卦位之取象言之合
以為運動之理蓋有實理存乎其中也 七言俚語 斜而又北真難看 位置自然有道見
手足往來皆有定、有定難尋真能善變、善變無形並無窮、無窮功夫在百練、
長練積久見精光、精光閃閃如雷電、雷電猶有迹可擬、無聲無臭尽浩然、
不即而遠得其實、如此方稱太極拳、九勢再收應初收、初收承上揉膝拗步其圈大身
法亦大、再收較承上斜行式身法較初收小手亦以轉之亦愈小此再收與初收稍異者、
則手初而言之亦取其意、此手往裹收也、左肩鬆下手向裹引歸往指撥往離右手三八寸身
向前合大大轉折胸中如盤極虛極虛靈頂勁微低心意注到左肘右手承其西方頂勁領好不
軟不硬為何式右肘斜而下沉、手落右乳前寸向裹合離胸六七寸凡第一頁所之圖皆
是成式復救之、腳動下去、屈膝迎起、襠開圓、右膝屈足平踏為主、左膝屈足尖点地為下
式設用為實周身大合、兩足離七八寸遠、引蒙、本式承上斜行式、左手未及指起、
以肘接住來人之肘、右手亦向前接來人之腕、用隨左腕向右引、使來人近吾身將身一順、
敵人身跌膝落到吾乳之下此是敵侵我者落空不惟不得式而且危險不能自主人之初來吾身
俯而迎之待接住人之腕、身向右一順、卻下右足隨身下卻向後退一步左足亦向後退一步此足
左虛右實非穩、上体手與肘力同敵人腕之力相隨停住手住敵人之腕、引之使近身、吾身收來愈
小愈好、身令不引、使敵人疑心蓋敵人之心本欲侵犯我、吾卻將式就式、因其撲於彼勝而引

即右手以乾健之德，其位乎西北耳，又止而不动，是静境也。静极必动，然乾为龙，艮为止。冬至之后，龙固潜而不动也矣。至春阳气发泄，百虫启蛰，龙，阳物也，安能久止而不动者乎？此理所固然，式必然者也，其余皆如此。但运动之机，以求理之何如者也？非徒以卦位之取象，牵合以为运动之理，盖有实理存乎其中也。

七言俚语

斜南吊北真难看，位置自然有高见。
手足往来皆有定，有定犹贵能善变。
善变无形并无穷，无穷功夫在百练。
长练积久见精光，精光闪闪如雷电。
雷电犹有迹可拟，无声无臭尽浩然。
不及而速得真宰，如此方称太极拳。

第九式　再收（应初收）

初收承上搂膝拗步，其圈大，身法亦大。再收较承上斜行式，身法较初收小，手所以转之亦愈小。此再收与初收稍异者，别乎初而言之，亦取其意，此手往里收也。

节解

左肩松下，手向里引，骈住指，撮住，离右手五六寸。身向前合，如大鞠躬式。胸中如磬，极虚，极灵。头颅微低，心意注到左肘、右手。眼看西方。顶劲领好，不软不硬为合适。右肘斜而下沉，手落右乳前，掌向里合，离胸六七寸。即第一页之所图[1]此陈金鳌抄本并未抄录原图，皆是成

① 此陈金鳌抄本并未抄录原图。下同，不另注。

盖无极者，一无所有。

式。后放之。腰劲下去，屁股泛起，裆开圆。右膝屈，足平踏为主。左膝屈，足尖点地，为下式设用，为宾。周身大合。两足离七八寸远。（图 11）

图 11 再收

引蒙

本式承上斜行式。左手未及抬起，以肘接住来人之肘，右手齐向前，接来人之肱，用随左肱往右引，使来人近吾身，将身一顺，敌人身与肱落到吾乳之下。此是敌侵我者，落空不惟不得式，而且危险，不能自主。人之初来，吾身俯而迎之。待接住人之肱，身向右一顺，卸下右足，随身下卸，向后退一步。左足亦向后退一步。两足左虚右实，站稳。上体手与肘，力同敌人肱之力相随，停擎住敌人之肱，引之使进身。吾身收束愈小愈好，无令不引，使敌人疑心。盖敌人之心，本欲侵扑我。吾即将式就式，因其扑与侵之时而引，令彼不知吾身顺，彼即落吾身外涉过，不得侵凌。

内劲

左肘劲由肩髃向里斜缠至指肚，由小指掌从手背向里斜缠至腋。右足用顺缠法，逆行缠至腿根。左足用倒缠法，逆行至腿根。

第十式　前堂拗步

在拗步下接演手捶，上夹缝中式。上之初收、斜行应有此写，不着上下机式扣接不住。

节解

顶劲领住。两肩松下。左肘微弯。手指斜向下，掌向里。身向前弯，腰劲下去。左足先开一步，足尖点地，如蜻蜓点水之形式。右足平踏不动。

引蒙

本式承上再收，左足点地。此左手足一齐发动，向西北开去一大步。趾先着地，用顺转法。左手亦顺转法，劲自腋缠至指肚，将撮指展开，骈住，顺转向上一翻，转手即到膝边。待右足跟一步过去，右手用倒转劲，转到前面。左手用倒转劲，搂过膝，到左肋后。两手不停，左足再向西北开一大步。第三步左手倒转上前，左肱微屈，落与肩平。

手法

左手倒转一翻向上，用顺缠法。搂膝后，两手皆倒转缠劲。此第一步，左足向西北开一步，左手涉上随步搂膝。右手领足向前进一步，皆用倒转。左手领足再上第三步，手落（与）肩平，右手转在后面。

拳中惟是要跌法，不明此法身徒劳。

令彼不知吾身真實，彼即落吾身外滚过，不得倏陵。內勁 左肘勁由肩頭向裏斜纏至指肚由小指掌從手背向裏斜纏至腕，右足用順纏法逆行纏至腿根，左足用倒纏法逆行腿根。

第十勢前堂拗步 左肘皮下接後手接上突縫中式上之初收斜行左右此寫不着上下橫式和拱不住。

節解 項勁領住，兩肩鬆下，左肘微彎，手指斜向下，掌向裏，身向前彎，腰勁下去，左足先開一步，足尖點地，為蜻蜓點水之形式，右足平踏不動。

引蒙 本式承上再收左足，點地，此左手足一齊發動，向西北開去一大步，指先着地，用順轉法，左手亦順纏法，勁自腕纏至指肚，將拇指展開，斜往項轉，向上一翻，轉手即到膝邊，隨右足跟一步過去，右手用倒轉勁轉到前面，左手用倒轉勁轉過膝到左脇後。兩手不停，左足再向西北開一大步，第三步左手倒轉上前，腰[illegible]手法，左手倒轉一翻向上，用順纏法接膝後，兩手皆倒轉纏勁，此第一步左足開向後一步，左手落上，隨步接膝，右手領足上前進一步，皆用倒轉，左手領足再上第三步，手落肩平，右手轉在後面。再收取象。以剥取象，此則碩果不食者，仁自內發生矣。陰極陽生，因取七之來復，中氣隨任督二脈轉一圈，大彎腰，頂勁上提，腰橫撐，圓胯勁下，心胸腹要虛，脊無負氣。

七言俚語 初收本自接膝來，再收緊接斜行開。精神聚積全在腰，獨立一言回山巔平原。

其二 初收一式自然好，未若此式十分老。前所轉圈猶嫌大，此式前圈小愈小，愈小到無可小，極小之中藏神妙，外似無圈實有圈，大氣盤旋人不曉。運轉全是要一圈，一動全身之欲一轉聚精神，猛虎夭矯成高崗，鷹鸇一斂下重霄。禽獸猶知斂毛羽，人比動物智謀高，拳中惟是要跌法，不明此法身徒勞。欲放先收即是真，真是真中實理，盈虛消息太極圈，細玩圈中日日高。兼乘內勁纏着內勁之所形，故屬內勁。右手塗上，未及接膝，右足邁上，左足再跟一步，實中寓虛，左足在後隨跟去前進跟而進。

引蒙 前堂拗步，以右手足為主，右足向西北開一步，手用倒纏勁，拳之向前來接膝前，轉左手由後向前轉，則右手用倒轉勁向後，是一定之勢。

七言俚語 前堂正與金剛照，布置亦是最緊要。

再收取象

以剥卦取象，此则硕果不食者，仁自内发生矣。阴极阳生，故取七之来复。中气随任督二脉转一圈。大弯腰，顶劲上提，裆横撑圆，腰劲下下，胸腹要虚，脊无负气。

七言俚语

其一

初收本自搂膝来，再收紧接斜行开。

精神聚积全在眼，独立高山顾平原。

其二

初收一式自然好，未若此式十分老。

前所转圈犹嫌大，式比前圈小愈小。

愈小小到无可小，极小之中藏神妙。

外似无圈实有圈，大气盘旋人不晓。

运转全是要一圈，一动（本式为之收）一转聚精神。

猛虎养成踞高岗，鹰鹞一敛下重霄。

禽兽犹知敛羽毛，人比动物智谋高。

拳中惟是要跌法，不明此法身徒劳。

一阴一阳自有神，欲放先收即是真（真是拳中实理）。

盈虚消息太极图，细玩图中日日高。

内劲

缠皆内劲之所形，故属内劲。右手涉上未及搂膝，右足连上，左足再跟一步，实中寓虚。左足在后随，跟上前，连环而进。

引蒙

前堂拗步，以右手足为主。右足向西北开一步，手用倒缠劲，举之向前，未搂膝前，待左手由后向前转，则右手用倒转劲，向后是一定之势。

七言俚语

其一

前堂位与金刚照，布置亦是最紧要。

缠法倒转皆如前，中间右足进为妙（右手随之并向前进）。

其二

二次收来不须长，提回左足在一方。

左足先开第一步，二步右足落中央。

左足仍开第三步，左足拗步右前堂。

夹缝中步不可乱，中行独立暂舒扬。

此式在前堂拗步，为左足前进第三步。在下演手捶，上为掩手捶设式，是夹缝中式也。

节解

左肘微屈，手有欲弯式。眼看右手腕。左肩松下，顶劲领住。右肩松下，耳听身后，腰劲下去。胸向前合，似贪非贪。左膝屈，足向西站。裆撑开。右足向后如蹬。（图 12、图 13）

引蒙

右手搂过膝，左足随上前跟一步，左手从后转上前。此是更迭前进，不可停待。

图 12 前堂拗步（一）

图 13 前堂拗步（二）

拳中惟是要跌法，不明此法身徒劳。

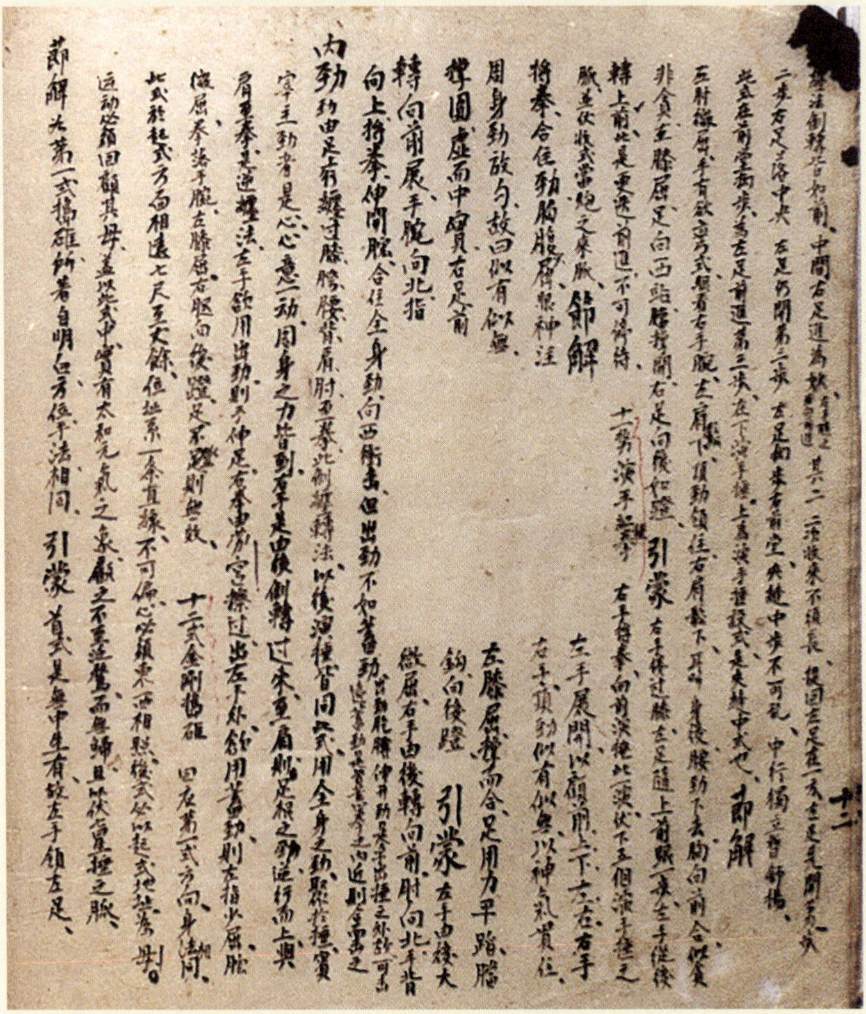

十二

跌法側轉若如前、中間右足進爲趴、其二 二步收來不須長、提回左足在一處、左足先開步另一步
二步右足落中央 左足仍開第三步 右足卸來右前空、央中步不可乱、中行獨立皆饰揚、
此式在前空衝步、爲左足前進第三步、左下演手捶、上爲演手捶、該式是走轉中式也、節解
左肘微屈、手肯欲式須看右手腕、左肩鬆下、須動領住右肩鬆下、身後腰勁下去、胸向前合、似負
非負、左膝屈、足向西、跆膝前開、右足向後仰蹬、引蒙 右手挂過膝、左足随上前贴一處、左手從後
轉上前、此是更迭前進、不可滞待、 十二勢演手紅拳 右手自拳向前演捶、此演伏下五個演手捶之
脈、並伏收式當艳之來脈、節解 左手展開以领前上下、左在右手
將拳合住、動胸腹、脊骨聚神注 右手須動、似有似無、以神氣貫住、
周身勁放勻、故曰似有似無、 左膝屈、背而合、足用力平踏、腦
撑圓、虛而中實、右足前 鈎、向後蹬 引蒙 左手由後大
轉向前、展手腕、向北指 微屈、右手由後轉向前、肘向北、手背
向上、將拳伸開、腕合住全身勁、向西衝去、但出勁不如蓄勁、
内勁 勁由足上行、經過膝、腰、脊、肩、肘、至拳、此側轉法、以後演手捶皆同、此式用全身之勁、聚於捶實
宰主動者是心、心意一動、周身之力皆動、右手是由後側轉、过來至肩、則足根之勁逆行而上與
肩至拳、是逆轉法、左手欲用出勁則手伸足、右拳由宮擦過出左手外、欲用蓄勁則右指少屈、肱
微屈、拳落手腕、左膝屈、右腿向後蹬、足不蹬則無效、 十三式金剛搗碓 回在第一式方向、身法相同、
此式於起式方面相遠七尺至丈餘、但系一條直線、不可偏、心必須東西相照、後式必以起式爲界、
運動必須回顧其母、蓋此式中實有太和元氣之象、顧之不至逆驚而無歸、且此伏後捶之脈、
節解 与第一式搗碓節著自明、白方位手法相同、 引蒙 首式是無中生有、故左手領左足、

第十一式　演手红拳（捶）

右手捋拳向前演，掩此一演，伏下五个掩手捶之脉，并伏收式当炮之来脉。

节解

左手展开，以顾前、上、下、左、右，右。手捋拳，合住劲。胸腹稍屈。眼神注右手。顶劲似有似无，以神气贯住。周身劲放匀，故曰似有似无。左膝屈，撑而合。足用力平蹈。裆撑圆，虚而中实。右足前钩，向后蹬。（图 14）

图 14 演手红拳

引蒙

左手由后大转向前展，手腕向北，指微屈。右手由后转向前，肘向北，手背向上，捋拳。伸开肱，合住全身劲，向西冲击。但出劲不如蓄劲（出劲胳膊伸开，劲是乎出捶之外，故可击远。蓄劲是皆蓄拳之内，近则合而击之）。

内劲

劲由足上行，缠过膝、胯、腰、背、肩、肘，至拳。此倒缠转法，以后演捶皆同此式。用全身之劲聚于捶。宾宰主劲者是心，心意一动，周身之力皆到。右手是由后倒转过来，至肩。则右足跟之劲逆行而上，逾肩至拳，是逆缠法。左手欲用出劲，则手伸足。右拳由劳宫擦过，出左手外。欲用蓄劲，则左指稍屈，肱微屈，拳落手腕。左膝屈，右腿向后蹬，足不蹬则无效。

第十二式　金刚捣碓

同应第一式。方向、身法相同。此式与起式方向相远七尺至丈余。位址系一条直线，不可偏。心必须东西相照。后式必以起式地址为母，运动必须回顾其母。盖以此式中，实有太和元气之象，顾之不至泛骛而无归，且以伏七星捶之脉。

节解

如第一式捣碓，所著自明白。方位、手法相同。（图 15）

引蒙

首式是无中生有，故左手领左足。

此上承演手捶。左足在西方不动，足趾移转向北。两手收落胸前。左手半转，右手向右伸，转与右肩平，向下而上至前倒转，从左手外绕一大圈，落左手腕内。右足随右手向前上提，过膝，两足落齐。足跟向外撑，膝合住，气归丹田。足起时，用顺转法；足落时，倒转劲。距离一足宽。

图 15 金刚捣碓

节解

胸中心和气平。裆开圆。端然恭立，元气和穆。身法规矩，如前式同。

七言俚语

其一

上打咽喉下打阴，左右两肋并中心。

下臁上鼻兼封眼，脑后一击要人魂（此要仁爱为主）。

其二

练就太极金刚捶，周身上下力千斤。

劝君智勇休使尽，留有余力扫外敌。

五言俚语

太极有一圈，阴阳在里边。端倪原莫测，动静如循环。

仰观鸢戾天，俯察鱼跃渊。上下皆是道，主宰最深玄。

一开连一合，奇正总无偏。有如开弓式，箭彀不离弦。

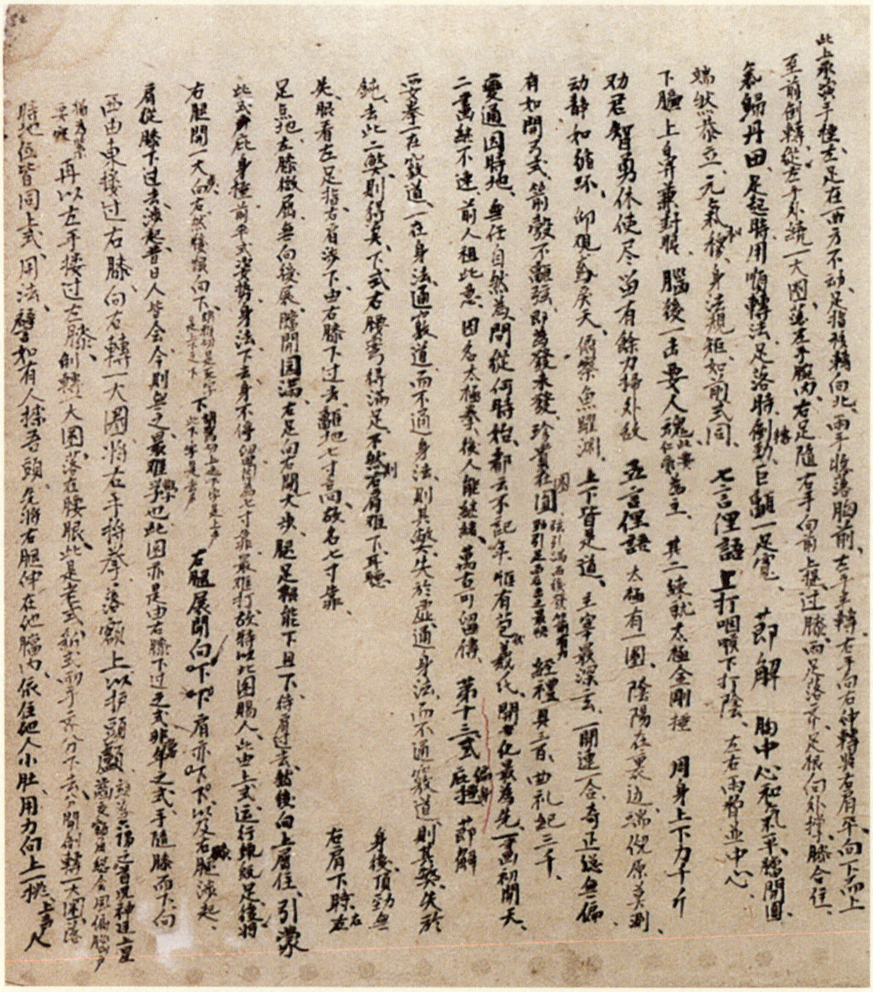
此上承演手捶，左足在西方不动，足指稍转向北，两手收落胸前，左手先转，右手向右伸，转至右肩平，向下而上至前，倒转从左手外绕一大圈，落左手腕内，右足随右手向前点提过膝，两足沉落齐，足根向外，撑膝合住，气归丹田，足起时用悄转法，足落时，倒勒巨撼一足宽。

节解 胸中心和，气平，总开圈，端然恭立，元气稳和，身法规矩，如前式同。

七言俚语 上打咽喉下打阴，左右两胁并中心，下腿上手兼封眼，脑后一击要人魂。[illegible]

其二 练就太极金刚捶，周身上下力千斤，劝君智勇休使尽，留有余力归外敌。

五言俚语 太极有一圈，阴阳在里边，端倪原莫测，动静如循环，仰观乔戾天，俯察鱼跃渊，上下皆是道，主宰最深玄，一开连一合，奇正总无偏，有如开弓式，箭发不离弦，即为发未发，珍贵在圆[illegible]，经礼具三百，曲礼纪三千，要通因时地，无任自然为，问从何时始，都云不记年，惟有包羲氏，开化最为先，一画初开天，二画杀不迷，前人祖此意，因名太极拳，后人能继续，万古可留传。

第十三式 庇捶 节解

要拳一在窍道，一在身法，通窍道而不通身法，则其弊失于虚；通身法而不通窍道，则其弊失于钝，去此二弊则得矣。下式右腰窍待满足，不然，右肩难下，再听身后顶劲，无失。眼看左足指，右肩移下，由右膝下过去，离地七寸高，故名七寸靠。右肩下时，左足点地，左膝微屈，无向后展，膝开圆满，右足向右开大步，腿足难能下且下，待肩过去，然后向上肩住，引蒙

此式身底身捶前半式，妙于身法，下去身不停[illegible]七寸靠最难打，故特以此图赐人，此由上式运行，蓄级足，后将右腿开一大[illegible]，右腿展开向下，吓肩亦吓下，以及右腿涌起，肩从膝下过去，涌起昔日人皆会，今则无之，最难学也，此图亦是由右膝下过之式，非靠之式，手随膝而下向西由东搂过右膝，向右转一大圈，将右手搦拳，落窍上，以护头颅[illegible]

[illegible] 再以左手搂过左膝，倒转一大圈，落在腰眼，此是老式，新式两手[illegible]

时地，位皆同上式，用法，譬如有人揪吾头，先将右腿伸在他腿内，依住他人小肚，用力向上一挑，[illegible]

拳中惟是要跌法，不明此法身徒劳。

即为发未发，珍贵在圈圆（弦引满而后发箭有力，劲引足而后击之最快）。经礼具三百，曲礼纪三千。

变通因时地，无任自然为。问从何时始，都云不记年。

惟有伏羲氏，开化最为先。一画初开天，二画继不连。

前人祖此意，因名太极拳。后人能继续，万古可流传。

第十三式　偏身庇捶

节解

要拳一在窍道，一在身法。通窍道而不通身法，则其弊失于虚。通身法而不通窍道，则其弊失于钝。去此二弊，则得矣。

下式右腰弯得满足，不然则右肩难下。耳听身后，顶劲无失。眼看左足趾。右肩涉下，由右膝下过去，离地七寸高，故名七寸靠。右肩下时，右足点地，左膝微屈，无向后展。裆开圆满，右足向右开一大步，腿足跟能下且下。待肩过去，然后向上屈住。（图 16 ~ 图 19）

引蒙

此式庇身捶。前半式姿势，身法下去，身不停留。因为七寸靠最难打，故特以此图赐人。此由上式，运行既足后将右腿开一大步，向右。然后恨向下（胡雅切，是死字，是上下之下）下（胡驾切，上之下字是上声，此下字是去声）。右腿展开向下下，肩亦下下。以及右膝涉起，肩从膝下过去，涉起。昔日人皆会，今则无之，最难学也。此图亦是由右膝下过之式，非当年之式。手随膝而下，向西由东搂过右膝，向右转一大圈，将右手捋拳落额上，以护头颅（头为六阳之首，况神庭、上星、龈交、额角、百会、风府、脑户，尤为紧要穴）。再以左手搂过左膝，倒转一大圈，落在腰眼。此是老式。新式两手齐分下去，分开倒转一大圈，落时地位皆同上式。

图 16 偏身庇捶（一）

图 17 偏身庇捶（二）

图 18 偏身庇捶（三）

图 19 偏身庇捶（四）

盈虚消息太极图，细玩图中日日高。

拳中惟是要跌法，不明此法身徒劳。

十三

前屈膝而起足，當足未開步先由足趾一小圈，而後向右邊滑伸展去，如新月之形，此勁用順纏絲勁。
由足大拇指起，过足面外踝，向裏而上行纏至腿根，為順纏。再由腿根發至足指，向
外纏，是逆纏，此是先順而後逆，後轉一圈，左腿倒纏亦合之。下節七言俚語
云：身體式最難傳，兩足初開三尺寬，双手分時皆倒轉，兩腿合勁尽斜纏。
右拳停在神庭上，左拳仍落在膝眼，身是側卧腰大扭，眼神斜視左足尖。
項勁領起斜與正，膝開膝合月牙圓，右肩纏勁只七寸，背折一幕最為難。
况兼左拳向膝去，此是太極变中斜，補七寸者非本打七
寸，非膝骨而何處打小肚，亦不為錯，亦隨說。过七寸者合勁也。
背折者用開勁，否則再批。內勁中氣由胸落丹田，由脊而
上逆行至頂，向前頂下降，復歸丹田。節解 補屁身体右手走
時，須向上引，右肩鬆，能下得去之極低處，肘仍在膝，否則有礙，豈
能背折乎。再者用手合膝大拇指是虚，用捶合膝，否則可恐乎哉。兼有明家再批
右膝屈肘尖發，肩平，拳落眼边，手拳是合勁，用身合而照左拳合膝，肘向前合，胸中合有
康大之意，腰勁下去，復向左折，兩膝合，右屈左足向後蹬，足指前鉤，足掌外翻踏地，成式兩足
不丁不八字，引蒙何謂屁身捶，以兩手護其周身，左拳护肩，右手拳皆可护腰，兩前後左右皆照
顧此下式，特兩手由胸前平分下去，运勁之法皆用倒轉勁，上下一動氣不斷節。十四势非打拜
心顧周身，猶思在右肩領，使周身勁助之，右拳轉業隨意运轉，向前引合而復，後折去之，腔耳而虚
屈，其氣下沉，再領轉一圈去去，两肩鬆開，眼看右拳，右拳旋之式，直使項向前合，耳聽身後，四境放正。
左肘屈，手落胸前，左拳斜中直，項勁由百會往頂上至承漿，腰下去小肚前合，襠撑圆，要右膝。

用法

譬如有人捺吾头，先将右腿伸在他裆内，依住他人小肚，用力向上一挑（上声），人即飞腾而起（足步）。足未开时，先由里绕一小圈，而后向右渐渐展去，如新月之形。

内劲

用顺缠丝劲。由足大拇指起，过足面、外踝，向里而上行，缠至腿根，为顺缠。再由腿根发至足趾，向外缠，是逆缠。此是先顺而后逆，后转一圈，左腿倒缠合之。

下节七言俚语

庇身捶式最难传，两足初开三尺宽。

双手分时皆倒转，两腿合劲尽斜缠。

右拳停在神庭上，左拳仍落在腰眼。

身是侧卧腰大扭，眼神斜视左足尖。

顶劲领起斜与正，裆开膝合月半圆。

右肩离地只七寸，背折一靠最为难。

况兼右拳向裆去，此是太极变中鲜。

补：七寸靠本打七寸，非臁骨而何处？打小肚亦不为错。亦听说过，七寸者，合劲也，背折者用开劲，否则再批。

内劲

中气由胸落丹田，由脊而上，逆行至顶，向前顶，下降复归丹田。

节解

补：庇身捶右手走时须向上引，右肩才能下得去，至极低处，肘仍在肋，否则有碍，岂能背折乎？再者用手叉腰，大拇指是虚用捶叉腰，

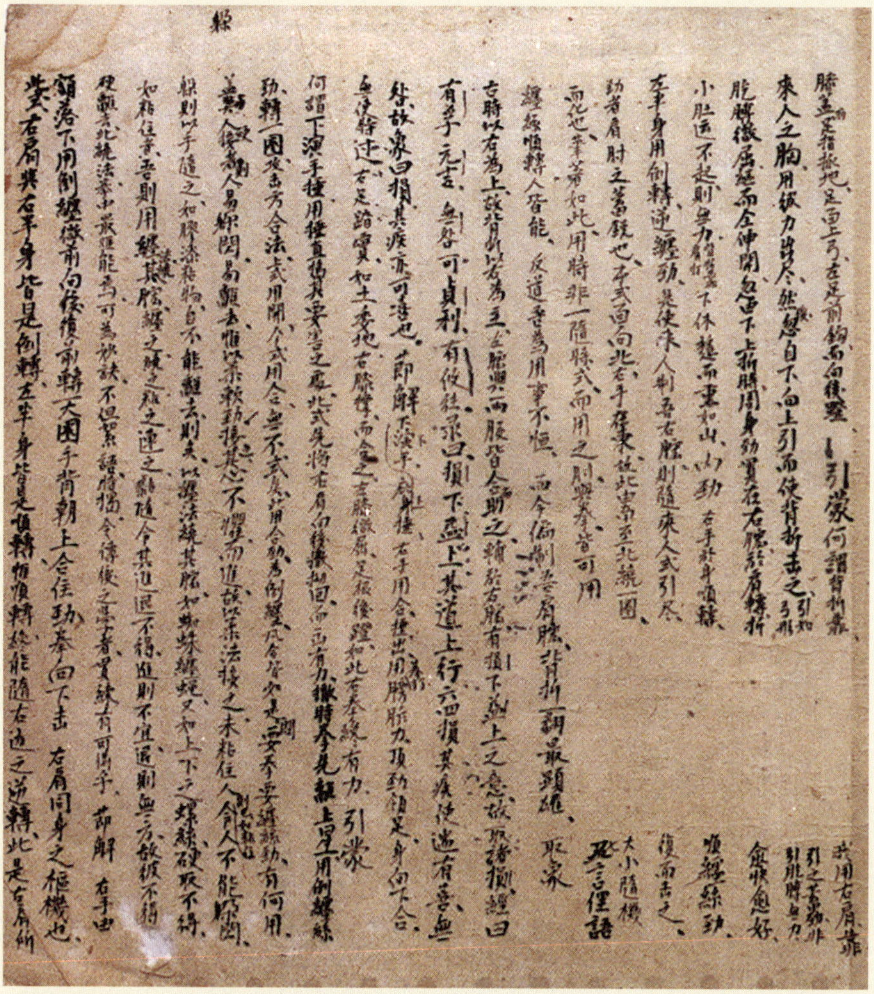
膝盖[illegible]足指[illegible]地，足面上弓，左足前钩而向后蹬，引蒙。何谓背折靠。
来人之胸，用微力尽，然后自下而上引而使背折击之。引如弓形
肱转后屈，屈而全伸，开合自下上斩，将周身劲贯在右膝后肩转折
小肚运不起则无力[illegible]下体随而重如山，以劲 右手转身顺转
左手身用倒转逆缠劲，是使来人制吾右膝，则随来人式引尽
劲者肩肘之蓄锐也，左式面向北，右手在东，故此式面至北绕一圈
而化也，拳节如此，用时非一，随时式而用之，则与拳皆可用
缠丝顺转人皆能，反道吾为用事不恒，而今[illegible]制吾肩膝，背折一翻最头难，取象
古时以右为上，故背折以为主，左膝与两股皆合助之，转在右膝有损下益上之意，故取诸损，经曰
有孚元吉，无咎可贞，利有攸往，象曰损下益上，其道上行，六四损其疾，使遄有喜，无
咎，故象曰损其疾，亦可喜也。而卸解 下演手 倒捶 右手用合，捶出用胯肱力项劲，领足身向下合
无使[illegible]逆，右足踏实如土委地，右膝撑而合之，左膝微屈，足跟后蹬，如此右拳缠有力，引蒙
何谓下演手捶，用捶直捣其要害之处，此式先将右肩向后撤，翻回而击有力，撤转拳先翻上，星上用倒缠丝
劲，转一圈发击方合法，左式用开，今式用合，无不[illegible]，[illegible]用合劲为倒缠，凡合皆如是，要拳要缠丝劲，有何用
[illegible]人[illegible]易[illegible]闪易[illegible]，惟以柔软劲接其心，不惧而进，故以柔法接之，未能任人，令人不能[illegible]闪
[illegible]则以手随之，如胶漆粘物，自不能离去，则夫以缠法缠其膝，如蜘蛛缠蛇，又如上下之螺丝，破取不得
如[illegible]任[illegible]，吾则用缠其膝，[illegible]之[illegible]之[illegible]随之，令其进退不得，进则不宜，退则无方，故彼不猜
[illegible]此[illegible]法，拳中最难能者，可为秘诀，不但[illegible]语[illegible]，令[illegible]者[illegible]有可用乎，而卸解 右手由
头落下用倒缠，后而向后复而转一大圈，手背朝上合住劲，拳向下击 右肩同身之枢机也
[illegible]右肩与右手身皆是倒转，左手身皆是顺转，[illegible]顺转然能随右边之[illegible]转，此是右肩所
式用右肩靠
引之若劲非引[illegible]将[illegible]力
愈[illegible]愈好
惟缠丝劲
复而击之
大小随机
此言俚语

拳中惟是要跌法，不明此法身徒劳。

否则可愚乎哉。后有明家再批。右肱屈，肘尖与肩平。拳落眼边。平拳是合劲。周身合而裆开。左拳叉腰，肘向前合，胸中含有广大之意。腰劲下去，复向左折。两膝合，右屈。左足向后蹬，足趾前钩，足跟外弸，踏实。凡成式，两足不丁不八字。

引蒙

何谓庇身捶？以两手护其周身。右拳护首，左手拳皆可护腰，而前后左右皆照顾。此下式时，两手由胸前平分下去。运动之法，皆用倒转劲。上下一劲，气不断节。

第十四式　背折靠

节解

心顾周身，犹其意在右肩，须使周身劲助之。右拳捋紧，随意运转，向前引，合而后复折击也。肱直而无屈，其气下沉，再领转一圈击去。两肩松开，眼看右拳。于敌人之式，无使项向前合。耳听身后，四块放正（块，愧音）。左肘屈，手落胸前。后脊斜中直，顶劲由百会后顶过至长强。腰下去，小肚前合，裆撑圆，露右膝膝盖。两足趾抓地，足面上弓。左足前钩而向后蹬。（图 20）

引蒙

何谓背折靠？我用右肩靠来人之胸，用彼力出尽，然后忽自下向上引而使背折击之（引如弓形，引之蓄劲，非引胳膊无力）。胳膊微屈，继而全伸开。忽由下（向）上折时，周身劲贯在右肱，于肩转，折愈快愈好。小肚运不起则无力（背折靠肩打）。下体稳而重如山。

图 20 背折靠

内劲

右手与身顺转，顺缠丝劲。左半身用倒转，逆缠劲。是使来人制吾右肱，则随来人式引尽，复而击之。劲者，肩肘之蓄锐也。本式面向北，右手在东，故此由南至北绕一圈，大小随机而化也。笔著如此，用时非一，随时式而用之，肘与拳皆可用。

七言俚语

缠丝顺转人皆能，反道为用事不恒。

而今偏制吾肩肱，背折一翻最显雄。

取象

古时以右为上，故背折以右为主。左肱与两股皆合而助之，辅于右肱，有损下益上之意，故取诸损。《经》曰：“有孚，元吉，无咎，可贞，利有攸往。”《象》曰：“损下益上，其道上行。六四，损其疾，使遄有喜，无咎。”故《象》曰：“损其疾，亦可喜也。”

节解

庇身下演手捶：右手用合，捶出。用拳打、膀靠力。顶劲领足，身向下合，无使时过，右足踏实，如土委地。右膝撑而合之。左膝微屈，足跟后蹬，如此右拳才有力。（图 21）

图 21 下演手捶

引蒙

何谓下演手捶？用捶直捣其要害之处。此式先将右肩向后撤，拗回而出有力。撤时拳先离上星，用倒缠丝劲转一圈，攻击方合法。上式用开，今式用合，无不式矣。此用合劲，为倒缠。凡合皆如是。问耍拳要缠丝劲有何用，盖与人硬接者，则人易躲闪，易离去。惟以柔软劲接之，其心不惧，而进。故以柔法接之，未粘住人则已，如粘住，令人不能躲闪。躲则以手随之，如胶漆粘物，自不能离去则矣。以缠法绕其肱，如蜘蛛缠蝇，又如上下之螺丝，硬取不得。如粘住者，吾则用缠法绕其肱，缠之、绕之、粘之、连之，黏随令其进退不得。进则不宜，退则无方，故彼不得硬离去。此绕法，拳中最难能焉，可谓妙诀。不但絮语，特揭，

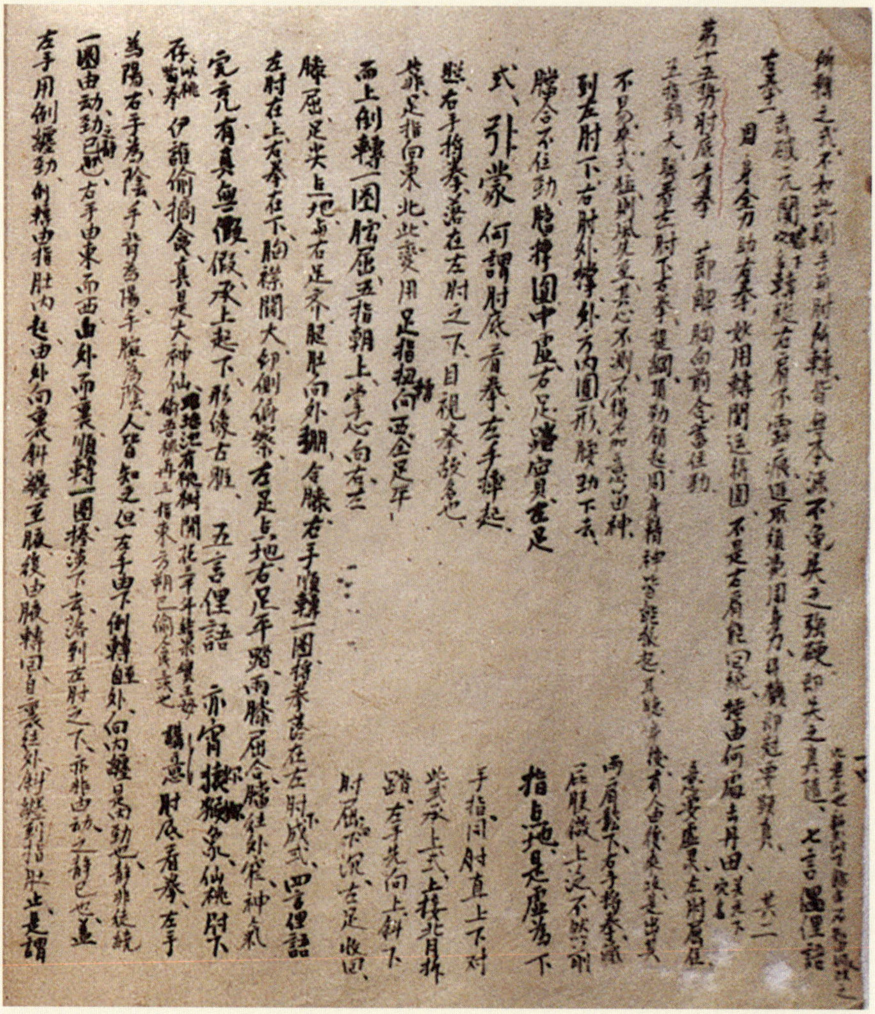
仰轉之式，不如此則手與肘斜轉，皆無本源，不免失之強硬，卻失之真道。七言俚語
左拳二 目身全力助右拳，妙用轉關送往圓，不是右肩能回繞，轉由何處去丹田。其二
第十五勢 肘底看拳 一節 胸向前合，拳住勁 意要虛，見左肘屈住
上指朝天，身要左肘下右拳，提綱頂勁領起周身精神，皆能收起。兩肩鬆下，右手將拳
不見右拳式，極則風光更其心不測，不備不如意為出神。
到左肘下，右肘外撐，外方內圓形，膝勁下去。 指點地，是虛為下
襠合不住勁，胯撐圓中虛，右足踏實，左足
式。引蒙 何謂肘底看拳，左手掙起， 手指同肘直上下對
照，右手將拳落在左肘之下，目視拳，故名也。 此式承上式，上接北月
步，足指向東北，此變用足指扭向西，全足平 踏，左手先向上斜下
而上，側轉一圈，膝屈，五指朝上，掌心向右， 肘屈下沉，左足收回，
膝屈，足尖點地，與右足齊，腿肚向外翻，合膝，右手順轉一圈，將拳落在左肘下，成式。四言俚語
左肘在上，右拳在下，胸襟闊大，卻側偷察，左足點地，右足平踏，兩膝屈合，膝往外張，神氣
完足，有真無假。承上起下，形像古雅。 五言俚語 亦留攢猴象，仙桃肘下
存。伊誰偷摘食，真是大神仙。 肘底看拳，左手
為陽，右手為陰，手背為陽，手腕為陰，人皆知之，但左手由下側轉，由外向內纏，是由動也，
一圈由動勁，右手由東而西，由外而裏，順轉一圈，將拳下去，落到左肘之下，亦非由動之轉已也。蓋
左手用側纏勁，側轉由指肚內起，由外向裏，斜纏至腕，復由腕轉回，自裏往外，斜纏到指尖止，是謂

拳中惟是要跌法，不明此法身徒劳。

令传后之学者，贯练有可得乎？

内劲

右手由额落下，用倒缠，微前向后复前转一大圈，手背朝上，合住劲，拳向下击，右肩同身之枢机也。此式右肩与右半身皆是倒转，左半身皆是顺转。惟顺转才能随右边之逆转。此是右肩所转之式。不如此，则手与肘所转皆无本源，不免失之强硬，即失之真髓。此老式也，新式已百余年，不知何人改之。

七言俚语

其一

右拳一击破元关（膝下穴名），转旋右肩不露痕。

进取须凭周身力，得机即克要显真。

其二

周身全力助右拳，妙用转关运得圆。

不是右肩能回绕，捶由何处击丹田（关元下穴名）。

第十五式　肘底看拳

节解

胸向前含，蓄住劲。意要虚灵。左肘屈住。五指朝天。眼看左肘下右拳。提肛，顶劲领起，周身精神皆能振起，耳听身后。有人由后来攻，是出其不意。来势猛则风先至。其心不测，不得不加意留神。两肩松下。右手捋拳，藏到左肘下。右肘外撑，外方内圆形。腰劲下去，屁股微上泛，不然前裆合不住劲。裆撑圆，中虚。右足踏实。左足趾点地，是虚为下式。（图 22）

图 22 肘底看拳

引蒙

何谓肘底看拳？左手率起，手指同肘直上下对照。右手捋拳，落在左肘之下。目视拳，故名也。此式承上式，上接背折靠。足趾向东北。此变用足趾扭转向西，全足平踏。左手先向上，斜下而上倒转一圈，肱屈，五指朝上，掌心向右。左肘屈，向下沉。左足收回，膝屈，足尖点地，与右足齐，腿肚向外弸，合膝。右手顺转一圈，捋拳落在左肘下，成式。

四言俚语

左肘在上，右拳在下。胸襟阔大，仰侧俯察。

左足点地，右足平踏。两膝屈合，裆往外奓。

神气完充，有真无假。承上启下，形象古雅。

五言俚语

亦肖猕猴象，仙桃肘下存（以桃喻拳）。

伊谁偷摘食，真是大神仙。

瑶池有桃树，开花三千年。

结果实王母，偷吾桃再三（指东方朔已偷食三次也）。

讲意

肘底看拳，左手为阳，右手为阴。手背为阳，手腕为阴。人皆知之，但左手由下倒转至外向内缠，是内劲也。静非徒绕一圈由动劲至静已也。右手由东而西、由外而里顺转一圈，卷涉下去，落到左肘之下。亦非由动至静已也。盖左手用倒缠劲倒转，由指肚内起，由外向里斜缠至腋，复由腋转回，自里往外斜缠到指肚止，是谓一周。右手由东收回到胸前，亦用缠劲。是由指肚外往里顺缠至腋，复返而斜缠，自外而里至指肚（五指以中指为主，食指、无名指与小指紧靠，大指另行变化）止。与左手意思相仿，合住劲。须用缠法，不用则貌合而神不合。故谓两手非为空转，实由心意在两手中运转、缠绕，无一息停止。至所谓静者，不过较于动时气稍缓耳，非止而不动也。何况天地阴阳变化，岂有停止之时哉？如夏至一阴生，阴本静也，自阴生至冬至，阴气渐长，故未曾停止。即冬至之后，阳气渐长，阴气渐消。由冬至夏至，阳长方盛，阴气消极衰。然亦此不撇空，未尝停止也。衰极而复始，循环不已。阳气之动，当然动极生静，静极生动。天地之气故然，况拳之运动乎？如人之方睡，一呼一吸，何尝停止？故所谓每一式将终，不可停止。然时运行较前更慢，局外者不知也。惟精运动者知之耳。故学者用功，当遵规矩，徐徐运行，不可慌张，慌张则气粗浮，其中节节理犹。如不细心揣摩，则不能得其奥妙。由前经后，式式皆如此，不必再费笔也。孟子曰：“大匠诲人，必以规矩。”又曰：“能与人规矩，不能使人巧。”巧妙是（真否）人学习之恒，又在用时之灵。心之温和，气之柔横，礼之顺逆，事分轻重，情之亲疏，教之否正，时乎短长，敬中不静。性有温、和、强、礼、中、曲、折、顺、横，谁能识其贤愚？否则师傅不正。良禽择木而栖，何况人性？师生最爱，忠实务本，五年否见真情。我今一生愚昧，不知人生暗明。傅受本是一礼，否则其中可庸，下笔不知浮沉。余观人性难明，青白终

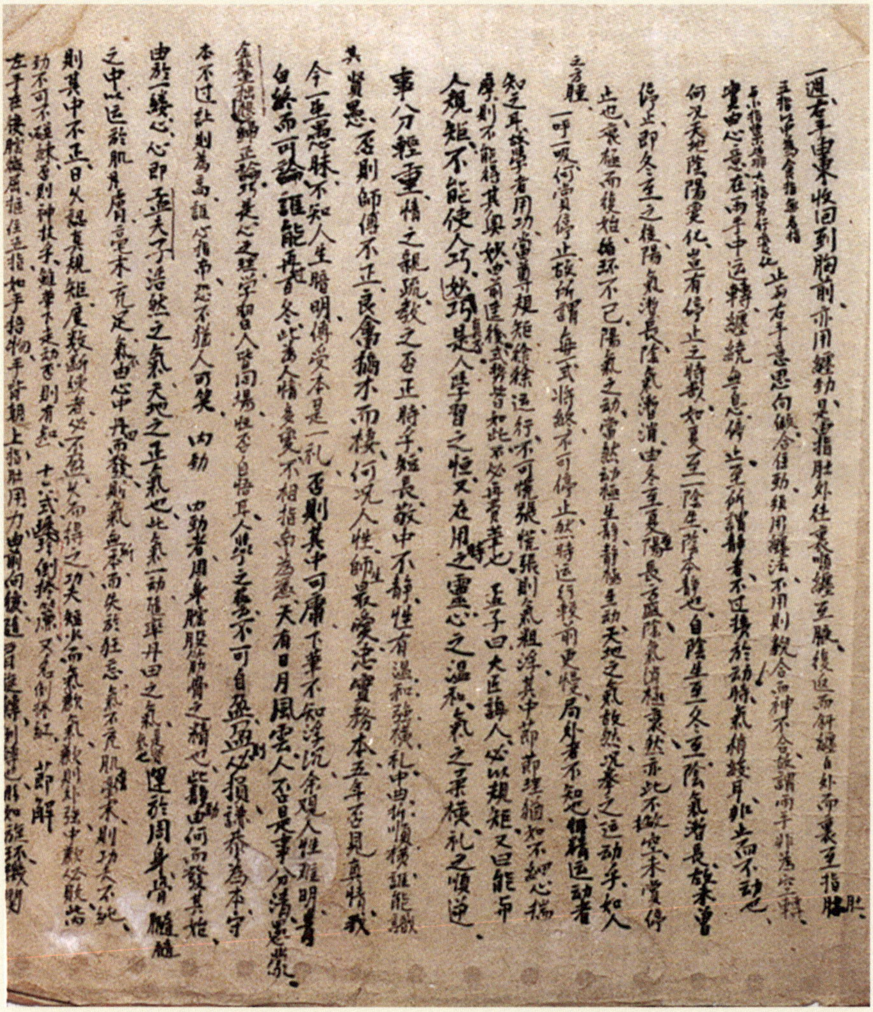

一週右手由裏收回到胸前，亦用纏勁，是由指肚外往裏順纏至腕，復返而斜纏，自外而裏至指肚。
三指皆曲為合住指節大指 手小指與無名指大指另行變化 止為右手意思向纖合住勁，須用纏法，不用則缺合，而神不合，故謂兩手非為空轉。
實由心意在兩手中運轉纏繞，無息停止，是所謂靜者，不過換於動時，氣稍歇耳，非止而不動也。
何況天地陰陽變化，豈有停止之時哉。如夏至一陰生，陰本靜也，自陰生至冬至，陰氣者長，故未曾
停止。即冬至之後，陽氣漸長，陰氣漸消，由冬至至夏至，陽長而盛，陰氣消極衰，然亦此不極空，未嘗停
止也。衰極而復始，循環不已。陽氣之動，當然動極生靜，靜極生動，天地之氣故然，況拳之運動乎。如人
之身體，一呼一吸何嘗停止，故所謂每一式將終，不可停止，然一時運行較前更慢，局外者不知，仍精運動著。
知之耳。然學者用功，當尊規矩，絲絲運行，不可慌張，慌張則氣粗浮，其中節節埋縮，知不知心揣
摩，則不能得其奧妙。由前匠作式勢，皆知此，不必再贅矣。孟子曰：大匠誨人，必以規矩。又曰：能與
人規矩，不能使人巧。然巧是人學習之恒，又在用時之靈。心之溫和，氣之柔橫，禮之順逆。
事分輕重，情之親疏，教之否正，將手短長，教中不靜，性有溫和、強橫，禮中曲折順橫，誰能識
其賢愚。否則師傳不正，良禽擇木而棲，何況人性。師生最要忠實，務本五年，否見真情哉。
今一旦愚昧，不知人生聰明傳受本是一禮，否則其中可庸下輩不知浮沉。余觀人性雖明，青
白終而可論，誰能再起。冬此為人情多變，不相指命為悉。天有日月風雲，人否是事分清楚矣。
金鰲生拙謹師正論，只是心之理，學習人皆同場，以否自悟耳。人學之義，不可自盈，盈必損，謙恭為本，守
本不過此，則為高，雖必指市，必不能人可矣。
內勁
內勁者，周身腠理筋骨之精也。此勁由何而發？其始
由於一點心，心即孟夫子浩然之氣，天地之正氣也。此氣一動，聚乎丹田之氣，氣之運於周身骨髓
之中，以達於肌膚毫末，充足氣由心中丹田而發，斷氣無所本而失於狂急，氣不充肌膚毫末，則功夫不純。
則其中不正，日久疑其規矩，度數斷續者，必不盈，必不得之。功夫雖大，而氣散，氣散則外強中散，必敗。
功不可不疑，誠否則神扶柔，雖華不足，動否則有起。十二式躧步倒捲簾，又名倒捲紅。節解
左手在後，腋窩屈指住三指，如手指物，手背朝上，指肚用力，由前向後隨肩旋轉，則掌形如旋環機關

而可论，谁能再过百冬？此为人情多变，不相指南为凭。天有日月风云，人否是事分清。愚蒙，金鳌拙想。归正论，巧是心之理。学习人皆同场，恒否自悟耳。人学之艺，不可自盈，盈则必损。歉恭为本，守本不过让则为高。谁心指南，恐不犹人可笑。

内劲

内劲者，周身肱骨、筋骨之精也。此静劲由何而发其始？由于一缕心，即孟夫子“浩然之气，天地之正气”也。此气一动，遂率丹田之气（是肾气也）运于周身，骨髓之中，以运于肌肤，毫末充足。气不由心中丹田而发，则气无所本，而失于狂妄。气不充肌肤毫末，则功夫不纯，则其中不正。日久认真规矩。度数断练者，必不盈，久而得之，功夫短少而气歉，气歉则外强中歉，必败。此内劲不可不研练，否则神技乎？虽笔下走动，否则有知。

第十六式　珍珠倒卷帘（又名倒卷红）

节解

左手在后，肱微屈，抠住五指，如手掊物。手背朝上，指肚用力。由前向后，随肩旋转，倒转也。形如旋环，机关全在于此。眼看左手，顾左足，恐履非所履。顶劲愈得领好，否则过易踣（步黑一切僵也）。左手虽循环在上，肘尖沉下，无令上浮。右手由前向后，从下转上，向前随右肩逆转，更迭旋转。眼看后面，恐地不平。（左）足趾先落，左膝得展且展。裆大开而中合（小腹下沉，其意复提起）。右足趾先落，待左足到后，右足落实。右膝屈，几与右肋相依。胸向前合，复上提起，腰劲下去。（图 23、图 24）

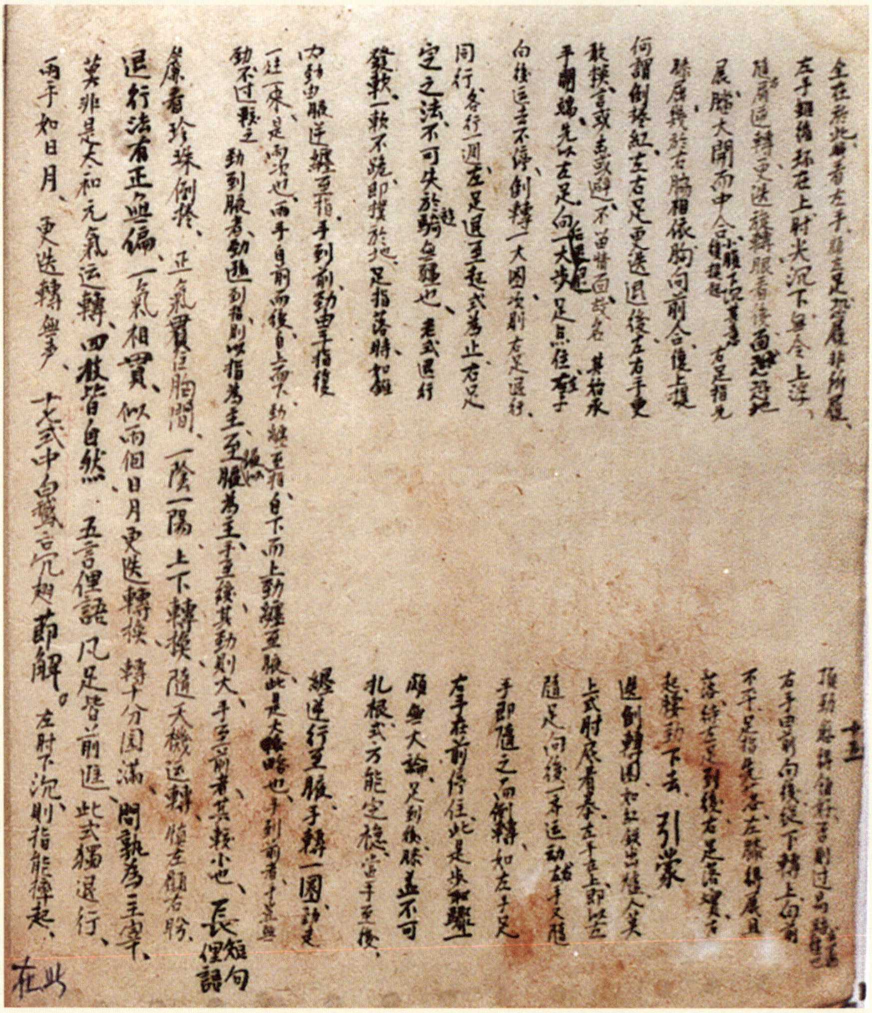

全在於此、看左手、雖左足不宜履非所履、
左手翻轉、放在上肘尖、沉下與全上浮、
隨肩運轉、更迭旋轉、眼看後面、趣足起
展膝大開而中合、腹不可……、右足指先
膝居襟於右脇相依、胸向前合、後上提
何謂倒捲紅、左右足更迭退後、左右手更
鼓揉、言或去或避、不留背面、故名、其若承
手開端、先以左足向左大退、足点住、腕手
向後運去不停、倒轉一大圈、次則右足退行、
同行、各行一週、左足退至起式為止、右足
定之法、不可失於騎無疆也、是式退行
發軟、一軟不蹺、即撲於地、足指落時、如頓
內勁由腋逆纏至指、手到前、勁由手指後
一往一來、是兩次也、兩手自前而後、自上而下、勁纏至指、自下而上勁纏至腋、此是大略也、手到前者、十之四五
勁不過軼之
勁到腋者、勁退到指則以指為主、至腋為主、手至後其勁則大、手至前者其勁小也、
長短句俚語
纏看珍珠倒捲、正氣貫在胸間、一陰一陽、上下轉換、隨天機運轉、顧左顧右盼、
退行法有正無偏、一氣相貫、似兩個日月更迭轉換、轉十分圓滿、問孰為主宰、
莫非是太和元氣運轉、四肢皆自然、五言俚語、凡足皆前進、此式獨退行、
兩手如日月、更迭轉無歹、
十七式中白鵝亮翅節解。左肘下沉、則指能揮起、
在此

十五
腰勁要轉合、言則過身轉頭
右手由前向後從下轉上向前
不干足指、先以落左膝、待展開
落下左足、到後右足落實、右
起轉動下去、
引蒙
退倒轉圈、如亦後出退入矣
上式肘尽看拳、左手在上即竪
隨足向後一齊運動、右手又隨
手即隨之而倒轉、如左手足
右手在前停住、此是步聚壘
願無大論、足到膝膝盖不可
扎根式、方能定穩、右手至後、
纏逆行至腋、手轉一圈、勁走

拳中惟是要跌法，不明此法身徒劳。

图 23 倒卷红（一）

图 24 倒卷红（二）

拳中惟是要跌法，不明此法身徒劳。

身
运动方能活动，左手以鼻準為界，無令过右，筆盖左肩沉下，發開機關旋轉全在於肩，故當壓
肩，頂勁領住，無使側倒，則周身精神自振，眼看右手中指，手腕向外，神無旁泼，右手稍屈無靭
过肘於肩微低，右手掌向外，五指束住於眼平，腰精下去，則前膽自合，尻股微向上泛，小肚自
合，左膝微屈，腰要撑圆向前合，右足向右移如初月，足踵先落地，膝屈，胸前合全心虚靈，胸
中有横氣則心不能虚，不虚則不靈。引蒙　上式左足在後，右足在前，此式將右足收到左足邊，点
住，然後再向右微前開半步，如初月形，足指向東北落住，然後左足隨右跟走，指点地，腰撑要
圆而虚。此式左手在後，右手在上，今左手在原住，指向上微起，有往右去之意，待右手与左手時收到
左面隔二尺許，然後左手隨右手，從下向上先繞一小圈，再往上引而往右開一步，橫运过去到右面
右手斜挣起於眼平，左手隨去，不过中界，指挣起於肩平，眼看左手西端，無横此式以右手為賓，左手其
實。各有一手，神聚於中也，且以眼神伏下式之脉，心一發念，四体皆隨，如鷙擊手中，形于外也，無以形体
得實，虚發則得矣。內勁　右手平起，足隨先轉一小圈，設式也。長短句俚語　斜轉拗之意避炎
鉢其頭也　运行到水尽山窮，左右手先轉一小圈，再向右摩，如新月彎，右手用順纏，左手使逆纏，引進落空
最為先，方念一旋轉，能解大难関，方稱太極拳。　十八 斜拗膝拗步　節解　身法以式
与上式習同，應當回想引蒙。摟膝拗步，右手由右繞到前虚虚住，兩手往下齐分，
斜轉一圈，右手落胸前指向上，左手撮住落脊後，腰微屈，合住胸中包羅萬象，內有乾坤
之正氣，心平氣和，膽開圓而虚，兩膝合，餘者同前。五言俚語　東方甲乙木，右膝莫伸屈，
如直似不直，敵來不敢入。左手展在東，右手挣往捕，中氣运於心，一發莫比毒，不是别有方，
日运中氣足，其妙在於心，巧處不在一。　十九勢 閃通背　若式右足往後，微一步，右肩欲掤
素日用功餘下去，运行要知其動由何處起，有何使用，頂勁領住，肩往下鬆，念想快好，右手先繞一
圈，肘屈住，再向膽內运去，不过者不及也。眼視右手，其意在西前，頂勁念待提好，左膝直向後往

引蒙

何谓倒卷红？左右足更迭退后，左右手更迭倒转圈。如红铁出炉，人莫敢摸。言或击或避，不留情面，故名。其始承上式肘底看拳。左手在上，即以左手开端。先以左足向后退一大步，足点住。左手随足向后一齐运动。右手又随向后运去不停，倒转一大圈。次则右足退行，手即随之而倒转，如左手足同行，各行一周。左足退至起式为止，右足、右手在前停住。此是步骤，一定之法，不可失于游骑无疆也。老式退行，颇无大论。足到后，膝盖不可发软，一软，不跪即扑于地。足趾落时，如锥扎根，式方能定稳。当手至后，内劲由腋逆缠至指。手到前，劲由手指复缠逆行至腋，手转一圈，劲走一往一来，是两次也。两手自前而后，自上而下，劲缠至指；自下而上，劲缠至腋。此是大略也。手到前者，手岂无劲？不过较之劲到腋者，劲逊，到指，则以指为主；至腋，以腋为主。手至后，其劲则大；手至前者，其较小也。

长短句俚语

帘看珍珠倒卷，正气贯住胸间。一阴一阳，上下转换。随天机运转，慎左顾右盼。退行法有正无偏，一气相贯。似两个日月更迭转换，转千分圆满。问孰为主宰？莫非是太和元气运转，四肢皆自然。

五言俚语

凡足皆前进，此式独退行。

两手如日月，更迭转无声。

第十七式　中白鹅亮翅

节解

左肘下沉，则指能率起，运动方能活动。左手以鼻为界，无令过右华盖。左肩沉下松开，机关旋转，全系于肩，故当压肩。顶劲领住，无令倒塌，则周身精神自振。眼看右手中指，手腕向外，神无旁泄。右手稍屈，无时过。肘于肩微低。右手掌向外，五指束住，与眼平。腰精下去，则前裆自合，屁股微向上泛，小肚自合。左膝微屈，裆要撑圆，向前合。右足向右，形如初月。足踵先落地，膝屈。胸前合，令心虚灵。胸中有横气，则心不能虚，不虚则不灵。（图 25）

图 25 中白鹅亮翅

引蒙

上式左足在后，右足在前。此式将右足收到左足边，点住，然后再向右微前开半步，如初月形，足趾向西北落住。然后左足随右跟去，趾点地，裆撑要圆而虚。上式左手在后，右手在上。今左手在原位，指向上微起，有往右去之意。待右手寻左手时，收到左面，隔二尺许。然后左手随右手，从下向上先绕一小圈，再往上向左引而往右斜开一步，横运过去，到右面。右手斜率起，与眼平。左手随去，不过中界，指率起，与肩平。眼看左手，面端无移。此式以右手为主，故看右手。其实各看

拳中惟是要跌法，不明此法身徒劳。

一手，神聚于中也，且以眼神伏下式之脉。心一发念，四体皆随。此谓诚于中，形于外也。无以形体得，实由心发则得矣。

内劲

右手率起，足随先转一小圈，设式也。

长短句俚语

倒转卷之，意避多锋（言其用也）。退行到水尽山穷，左右手先转一小圈，再向右摩，如新月弯。右手用顺缠，左手使逆缠。引进落空最为先，方念一旋转，能解大难关，方称太极拳。

第十八式　搂膝拗步

节解

身法姿势与上式皆同，应当回想。（图 26）

引蒙

搂膝拗步，右手由右绕到前，虚虚拢住。两手往下齐分，倒转一圈。右手落胸前，指向上。左手撮住，落脊后。腰微屈，合住。胸中包罗万象，内有乾坤之正气。心平气和，裆开圆而虚，两膝合。余者同前。

五言俚语

东方甲乙木，右肱莫伸屈。如直似不直，敌来不敢入。
左手展在东，右手往西拥。中气运于心，一发莫此毒。
不是别有方，日运中气足。灵敏在于心，巧处不在一。

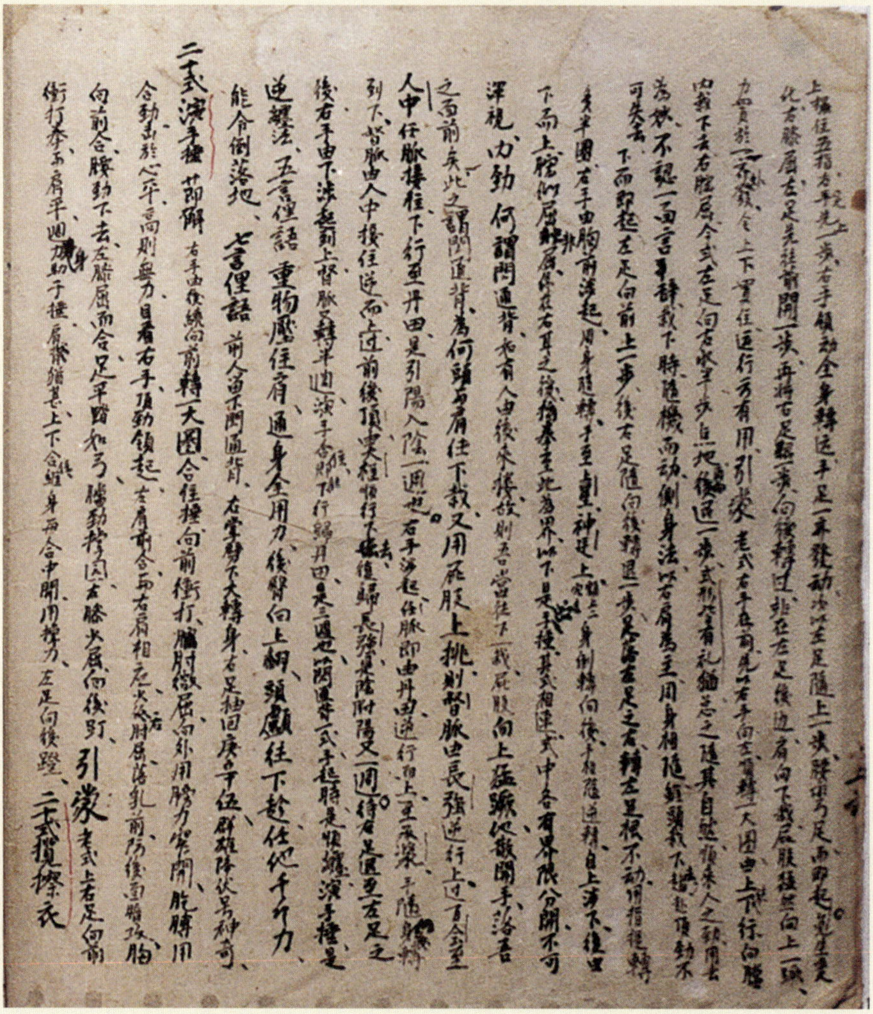

上搭往五指，右手较先上一步，右手领动全身转运，手足一齐发动，此时左足随上一步，腰劲与足两即起，先生变

化右膝屈，左足先往前开一步，再将右足跟一步，向后转过，非在左足后边，肩向下裁，屈股往后向上一蹶，

力贯于一齐发，令上下贯住运行，方有用。引蒙 老式右手在前，先以右手向左背转一大圈，由上下行向胯

内裁下去，右胯屈，令式左足向右踩半步，自上地后运一步，式形六有礼猫蒿之，随其自然，雅来人之劲，用去

为妙。不听一面言，手静裁下时，随机而动，侧身法以右肩为主，周身相随，领头劲不丢，顶劲不

可失去。 下而即起，左足向前上一步，后右足随向后转退一步，足落在左足之右，转左足根不动，用指从转

方半圈，右手由胸前绕起，周身随转，手至鼻，神运上，自上三身侧转向后，手相随运转，自上往下，往回

下而上，胯何屈，排屈，似在右耳之后，转拳至此为界，以下是手按，其式相连式，中各有界限，分开不可

深视。内劲 何谓闪通背，如有人由后来搂，故则吾当往下一截，屈股向上一蹶，从敌开手，落吾

之面前矣，此之谓闪通背。为何头与肩往下裁，又用屁股上挑，则督脉由长强逆行，上过百会，至

人中，任脉接住下行至丹田，是引阳入阴一遍也。右手涉起，任脉即由丹田逆行而上，至承浆，手随即转

到下，督脉由人中接住逆而上过前后顶夹椎，往下去，随归长强，是阴附阳又一遍也。右足退至左足之

后，右手由下涉起，到上，督脉又转半圈，演手合下行归丹田，是三遍也。闪通背一式，手起时是缠，演手捶是

逆缠法。五言俚语 重物压住肩，通身全用力，后背向上翻，头颅往下趋，任他千斤力，

能令倒落地。 七言俚语 前人当不闪通背，左掌劈下大转身，右足抽回应手伍，群雄降伏号神奇。

二十式 演手捶 节解 右手由后绕向前，转一大圈，合住捶，向前冲打，腋肘微屈，向外用膀力要开，胯用

合劲，出於心，平高则无力，目看右手，顶劲领起，左肩前合，与右肩相应，左肘屈，落乳前，防后面暗攻胸，

向前合，腰劲下去，左膝屈而合，足平踏如弓，胯劲圆，右膝微屈向後蹬。引蒙 老式上右足向前

冲打拳，两肩平，迎身劲手捶，屈膝上下合，身两合中开，用撑力，左足向后蹬。 二十一式 揽擦衣

拳中惟是要跌法，不明此法身徒劳。

图 26 搂膝拗步

第十九式 闪通背

节解

老式左足往后撤一步，右肩欲相素日用功徐下去。运行要忖其劲：由何处起？有何使用？顶劲领住，肩往下栽，愈快愈好。右手先绕一圈，肘屈住，再向裆内运去。不过者，不及也。眼观右手，其意在面前。顶劲更得提好。左肱直，向后往上，撮住五指。右足先上一步，右手领动全身转运，手足一齐发动。次以左足随上一步，腰弯足而即起，免生变化。右膝屈。左足先往前开一步，再将右足跟一步，向后转过，站在左足后边。肩向下栽，屁股猛然向上一蹶，力贯于一，一齐外发，令上下贯住，运行方有用。（图 27）

引蒙

老式右手在前，先以右手向左顺转一大圈，由上往下行，向裆内栽

图 27 闪通背

下去。右肱屈。今式左足向右收半步，点地，再向后退一步。式形皆有理由，总之随其自然，顺来人之劲，用去为妙，不认一面言辞。栽下时，随机而动。侧身法，以右肩为主，周身相随，虽头栽下去，趋赴顶劲不可失去，下而即起。左足向前上一步，后右足随向后转退一步，足落左足之右，转左足跟不动。用指提转多半圈，右手由胸前涉起，周身随转，手至上星、神庭上（额上二穴名）。身倒转向后，手相随逆转，自上涉下，复由下而上。肱似屈非屈，停在右耳之后，捋拳至此为界。以下是演手捶，其式相连，式中各有界限分开，不可浑视。

内劲

何谓闪通背？如有人由后来搂，故则吾当往下一栽，屁股向上猛蹶，他散开手，落吾之面前矣。此之谓闪通背。为何头与肩往下栽？又用屁股上挑？则督脉由长强逆行，上过百会至人中，任脉接住，下行至丹田，是引阳入阴一周也。右手涉起，任脉即由丹田逆行而上，至承浆，手随身后转到下。督脉由人中接住，逆而上，过前后顶，由大椎顺行下去，复归长强。是阴附阳又一周。待右足退至左足之后，右手由下涉起到上督脉，又转半周，演手合住，即往下行归丹田，是三周也。以闪通背一式，手起时是顺缠，演手捶是逆缠法。

五言俚语

重物压住肩，通身全用力。

后臀向上翻，头颅往下趁。

任他千斤力，能令倒落地。

七言俚语

前人留下闪通背，右掌劈下大转身。

右足抽回庚辛伍，群雄降伏号神奇。

第二十式　演手捶

节解

右手由后绕向前，转一大圈，合住捶，向前冲打。肘微屈，向外用膀力奓开。胳膊用合劲，击与心平，高则无力。目看右手，顶劲领起。左肩前合，与右肩相应，稍低。右肘屈，落乳前，防后面暗攻。胸向前合，腰劲下去，左膝屈而合，足平踏如弓。裆劲撑圆。右膝稍屈，向后蹬。（图 28）

引蒙

老式上右足，向前冲打拳，与肩平，周身力助于捶，肩背尤甚。上下合住，缠身与合中开。用撑力，左足向后蹬。

拳中惟是要跌法，不明此法身徒劳。

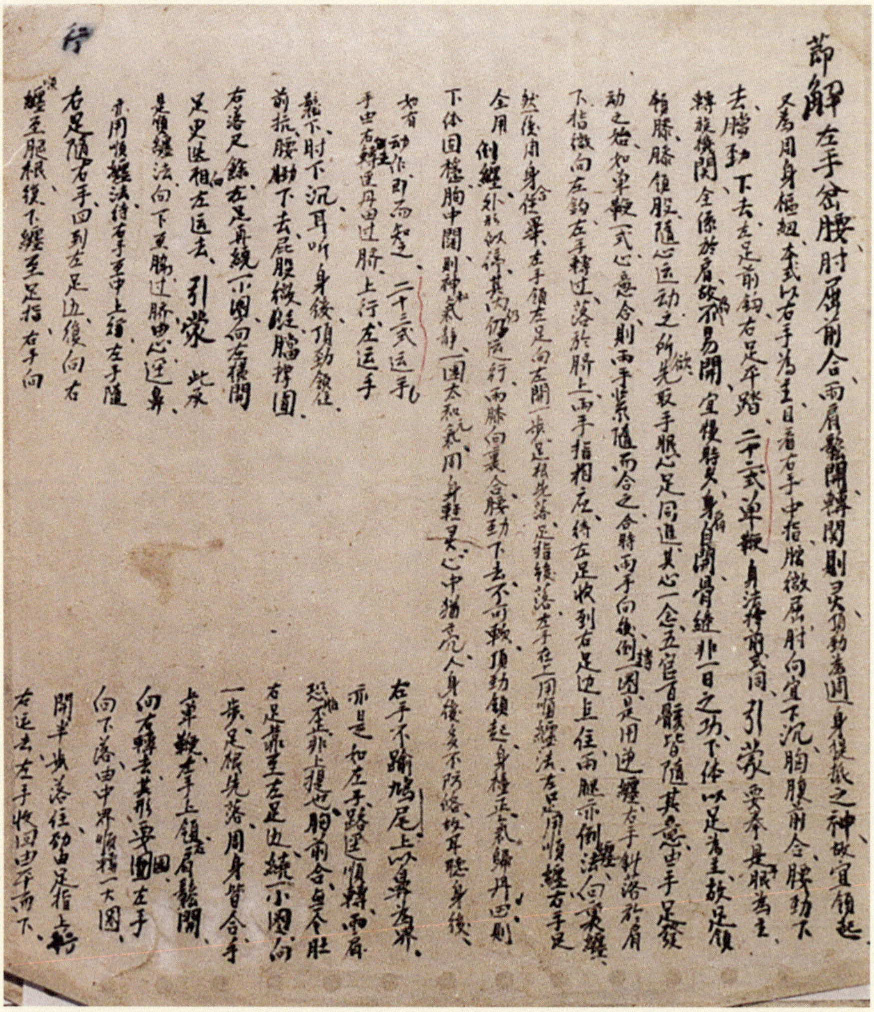

行

節解 左手從腰肘屈前合，兩肩鬆開，轉關則靈，頂勁虛領，身提起之神，故宜領起，又為周身樞紐。本式以右手為主，目看右手中指，腋微屈，肘向宜下沉，胸腹前合，腰勁下去，襠勁下去，左足前鈎，右足平踏。

二十式 單鞭 身法轉前式同。引蒙 要拳是眼為主，轉旋機關全係於肩，故不易開，宜後轉又，身自開骨縫，非一日之功。下体以足為主，故足領領膝，膝領股，隨心運動之，所先取手眼，心足同進，其心一念，五官百骸皆隨其意，出手足發動之始，如單鞭一式，心意合則兩手緊隨而合之，合時兩手向後倒轉一圈，是用逆纏，右手斜落於肩下，指微向左鈎，左手轉過，落於臍上，兩手指相應，待左足收到右足邊上，往兩腿亦倒法向裏纏，然後用身合住架，左手領左足向左開一步，足根先落，足指後落，左手在上用順纏法，右足用順纏，右手足全用倒纏，外形似停，其內仍運行，兩膝向裏合，腰勁下去，不可鬆，頂勁領起，身樁正，氣歸丹田，則下体固，襟胸中開，則神氣靜，一團太和元氣，用身軀昊心中猶亮，人身後更不防陷，故耳聽身後，如有動作，可聞而知之。

二十三式 運手 手由右邊纏經丹田過臍，上行，左運手鬆下，肘下沉，耳聽身後，頂勁領住，前抗，腰勁下去，屁股微翹，膈撐圓，右落足餘，左足再繞一小圈，向右復開，又更照相向左運去。引蒙 此承是順纏法，向下至臍過臍由心運鼻，亦用順纏法，待右手至中上掐，左手隨右足隨右手回到左足邊，復向右纏至肥根，後下纏至足指，右手向

右手不踰鳩尾，上以鼻為界。亦是如左手，路運順轉，兩肩鬆，肘不上提也，胸前合，臍不肚。右足亦至左足邊，繞一小圈，向一步，足根先落，周身皆合，手上，單鞭，左手上領，兩肩鬆開，向右轉去，其形要圓，左手向下落，由中界順轉一大圈，開半步，落住勁由足指上轉，右運去，左手收回由平而下，

图 28 演手捶

第二十一式　揽扎衣

节解

左手叉腰，肘屈前合。两肩松开，转关则灵。顶劲为周身提振之神，故宜领起，又为周身枢纽。本式以右手为主，目看右手中指。肱微屈，肘宜向下沉。胸腹前合，腰劲下去，裆劲下去。左足前钩，右足平踏。（图 29）

图 29 揽扎衣

第二十二式　单鞭

身法与前式同。（图 30）

图 30 单鞭

引蒙

要拳是手眼为主，转旋机关，全系于肩。故肩不易开，宜慢。时久，身肩自开骨缝，非一日之功。下体以足为主，故足领膝、膝领股，随心运动之所欲，先取手眼，心足同进。其心一念，五官百骸皆随其意。由手足发动之始，如单鞭一式，心意合，则两手紧随而合之。合时两手向后倒转一圈，是用逆缠。右手斜落于肩下，指微向左钩。左手转过，落于脐上，两手指相应。待左足收到右足边，点住。两腿亦倒缠法，向里缠，然后周身合住毕。左手领左足向左开一步，足跟先落，足趾后落。左手在上用顺缠法，左足用顺缠。右手足全用倒缠。外形似停，其内仍运行。两膝向里合。腰劲下去，不可软。顶劲领起，身桩正。气归丹田，则下体固稳。胸中阔，则神和气静，一团太和元气。周身轻灵，心中犹亮。人身后多不防备，故耳听身后，如有动作，即而知之。

第二十三式　运手

节解

右手不逾鸠尾，上以鼻为界，手由右正转经丹田过脐，上行。左运手亦是如右手路径顺转。两肩松下，肘下沉。耳听身后。顶劲领住，恐怕不正，非上提也。胸前合，无令肚前抗。腰劲下去，屁股微泛，裆撑圆。右足靠至左足边，绕一小圈，向右落尺余。左足再绕一小圈，向左横开一步，足跟先落。周身皆合，手足更迭，向左运去。（图 31、图 32）

引蒙

此承上单鞭。左手上领，右肩松开，是顺缠法，向下至肋，过脐，由心经鼻，向右转去，其形要圆。左手亦用顺缠法。待右手至中上行，左手随向下落，由中界顺转一大圈。右足随右手，回到左足边，复向右开半步，落住，劲由足趾上行，顺缠至腿根，复下缠至足趾。右手向右

图 31 右运手

图 32 左运手

运去，左手收回，由平而下，向上转，经中线转一大圈。（左）足随手，收到右足，复向左开一大步。手足皆用顺缠劲，更迭转换不停，至演手地址为准。左手停与肩平，右手停乳边，右足点住。

用法

如有人来捺我右肱，吾即以右肱引之，使进吾身，愈进愈无力，待其力尽，将肱一转而击之，必无躲闪之地。如疾雷不及掩耳，人否服乎？左肱如此。

内劲

两手足皆顺转。劲气放匀，不可忽有忽无。忌之慎。

第二十四式　高探马（老式）

节解

两手向右倒转一大圈，右手落与肩平，左手落左乳下，手心向上，微侧。右手腕向下。两肩松下，顶（劲）领住。眼看右手。胸腹皆合，令有海阔天空气象。腰劲下去，屁股微泛，裆开圆，虚中和。左足平踏，膝微屈。右膝而合，足点地。（图 33）

引蒙

承上，左手在上，右手落在右乳。右足由左向右退一步。两手齐向右转一大圈，右手用逆转倒缠，左边顺转顺缠，周身逆转过来。右手展与肩平，在前。左手落在乳下。右足不动，倒转，左足转到左面，点地。周身合，裆开圆，此谓上下相随。

拳中惟是要跌法，不明此法身徒劳。

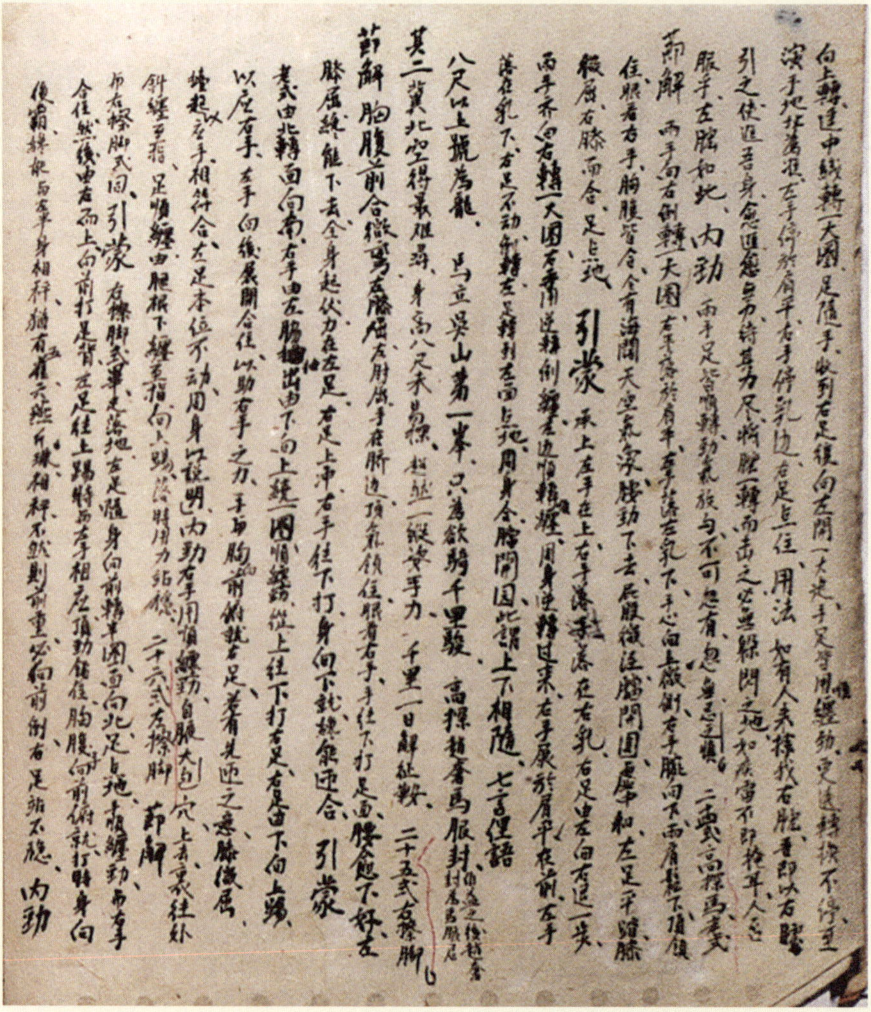
向上轉，進中綫轉一大圈，足隨手，收到右足，復向左開一大步，手足皆用纏勁，更迭轉換不停，至
演手地步為准，左手停於肩平，右手停乳邊，右足点住。用法：如有人來捋我右肱，吾即以右膝
引之，使近吾身，愈近愈無力，待其力尽，將肱一轉而击之，必無躲閃之地，如應當不即抢手人之
肱，手在肱和也。内勁：两手足皆順轉動，氣旋與不可想有，息[illegible]。二[illegible]式高探馬
節解：两手向右倒轉一大圈，右手落於肩平，左手落在左乳下，手心向上微側，右手腕向下，兩肩鬆下，頂領
住，眼看右手，胸腹皆合，全有海闊天空氣象，腰勁下去，尻股微往臀間圍，虛中和，左足平，膝
微屈，右膝而合，足点地。引蒙：承上，左手在上，右手落[illegible]落在右乳，右足由左向右退一步，
兩手齐向右轉一大圈，右手用逆轉倒纏，在邊順轉纏上，用身逆轉過來，右手展於肩平在前，左手
落在乳下，右足不動，左足轉到左面点地，用身合膝開，因此謂上下相隨。七言俚語
八尺以上號為龍，馬立吳山第一峯，只為欲騎千里駿，高探誰奪馬脈封。
其二：冀北空得最雄驊，身高八足未易操，超然一縱憑手力，千里一日顯征鞍。二十五式右擦脚
節解：胸腹前合微弯，左膝屈，左肘微，手在肋邊，頂氣領住，眼看右手，手往下打足面，腰勁下，好左
膝屈縱能下去，全身起伏，力在左足，右足上沖，右手往下打，身向下就，總氣匯合。引蒙
式由北轉面向南，右手由左肋[illegible]出，由下向上繞一圈，順纏，從上往下打右足，右足由下向上踢，
以應右手，左手向後展開合住，以助右手之力，手與胸前俯就右足，若有失匯之意，膝微屈，
縫起，以左手相斜合，左足本位不動，用身以說明。内勁：右手用順纏勁，自腋大包穴上去，氣往外
斜纏至指，足順纏由腿根下纏至指，向上踢，落時用力站穩。二十六式左擦脚 節解
与右擦脚式同。引蒙：右擦脚式畢，足落地，左足隨身向前轉半圈，面向北，足点地，手順纏勁，兩手
合住，然後由右而上向前打足背，左足往上踢，時兩手相應，頂勁領住，胸腹向前俯就，打時身向
使霸捷，與手身相稱，猶有雀不踰，纏相稱，不然則前重必向前倒，右足站不穩。内勁

图 33 高探马

七言俚语

其一

八尺以上号为龙，马立吴山第一峰。

只为欲骑千里骏，高探赵奢马服封（伯益之后，赵奢封为马服君）。

其二

冀北空得最难寻，身高八尺未易探。

超然一纵姿手力，千里一日解征鞍。

第二十五式　右擦脚

节解

胸腹前合微弯。右膝屈。左肘屈，手在脐边。顶气领住。眼看右手。手往下打足面。腰愈下好，左膝屈，才能下去。全身起伏，力在左足，右足上冲。右手往下打，身向下就，才能迎合。（图 34）

图 34 右擦脚

引蒙

老式由北转面向南，右手由左肋抽出，由下向上绕一圈，顺缠劲，从上往下打右足。右足由下向上踢，以应右手。左手向后展开合住，以助右手之力。手与胸向前俯，就右足，若有先迎之意。膝微屈，抬起以应手，相符合。左足本位不动。周身以说明。

内劲

右手用顺缠劲，自腋大包穴上去，（由）里往外斜缠至指。足顺缠，由腿根下缠至趾，向上踢，落时用力站稳。

第二十六式　左擦脚

节解

与右擦脚式同。（图 35）

图 35 左擦脚

引蒙

右擦脚式毕，足落地。左足随身向前转半圈，面向北，足点地。（左）手顺缠劲，与右手合住，然后由右而上，向前打足背。左足往上踢时，与左手相应。顶劲领住，胸腹手向前俯就。打时身向后坝，才能与左半身相称。犹有五雀六燕，斤珠相秤。不然则前重，必向前倒，右足站不稳。

内劲

左手与身向前转，对方面向北，身向前微屈。后半身仍向后坝。全身皆向上提，因此要向后坝，令其气平均，得其中。余与右擦脚皆同。

七言俚语

其一

职分不同在拾遗，入于左腹计量奇。
不是左方能攻左，然而左方亦非宜。

左手前身向前轉對面向北，身向前微屈，後半身仍向後填，全身皆向上提，因此要向後填、
令其氣平均，得其中。餘與右擦腳皆同。七言俚語 職份不同在拾遺，入於左腹計量奇，
不是左方能收左，然而左方亦非宜。其二 左道東來不齊行，其而象不齒理，何如太極一著精。
人來左面須左應，其女仍要右手迎。其三 再將左足轉向北。周身合住最有力。
左手左轉向左去，負腿踢去老式奇。第四 頂勁上提道後存，即此左腕亦善攻。
胯向前折似開弓，非徒右體便轉。
四言俚語 身自南方，轉向北方，
左手右旋，打足中央，腦勁下足，
中流砥柱，莫而伍，右足變變詎。
英雄獨立稱古傳，二十六式中辯。
手合住，欲放先收，鉤卻先揚之意。
起胸向前合，腰勁下去，下圈中單。
左足用力向左橫蹬，眼看東往，身向
頂勁耳聽身後，腰勁下去，左腿展開。

引蒙 承上蹬式，其是之式承上左擦腳而式。
以胸中為界，兩手平拉開，以身之中
地未落之時，右足根扭轉過來，面向
然後再用頂勁，兩手由中平分開。
屈而能穩，是獨立式，左足踢時，身

節解 中單鞭未拉時，兩
兩肘屈收到胸前，頂勁領
鞭，兩手横向左右展開。
前合兩肘沉下，眼看左手，領住
右膝微屈，足跟踏地，手心向下。
鞭之中，是式形之中也。兩手
言之，其他式皆以右手拉之，足滿腳後左
而兩手用到，勁由兩肘屈，手在胸前。
左足隨手齊發，用力打去，右腿
微右倚，左右相稱，宜骸迁轉，全
右足立定，左足飛揚，
乃稱之強。七言俚語
有輔，不慮太山將壓卵之周命能。

十八

其二

左道由来不其行（尚气不尚理），何如太极一着精？
人来左面须左应，奚必仍要右手迎？

其三

再将左足转向北，周身合住最有力。
左手右绕向左击，顺腿踢去老式奇。

其四

顶劲上提通后脊，腰向前折似开弓。
非徒右体便做事，即此左肱亦善攻。

四言俚语

身自南方，转向北方。右足立定，左足飞扬。
左手右旋，打足中央。裆劲下足，仍秤之强。

七言俚语

中流砥柱莫与伍，右足夔夔讵有辅。
不虑泰山将压卵（周瑜之能），英雄独立称古传。

第二十七式　中单鞭

节解

中单鞭未拉时，两手合住，欲放先收，欲抑先扬之意。两肘屈，收到胸前。顶劲领起，胸向前合，腰劲下去。中单鞭，两手横向左右展开。左足用力向左横蹬，五趾束住。身向前合。两肘沉下。眼看左手。领住顶劲。耳听身后。腰劲下去。左腿展平，右膝微屈。足实踏地。手心向下。（图 36、图 37）

图 36 中单鞭（一）

图 37 中单鞭（二）

引蒙

单鞭式共是七式，承上左擦脚，本式非数之中，是式形之中也。两手以胸中为界，两手平分拉开，以身之中言之。其他式皆以左手拉之。左擦脚后左足落地，未落之时，右足跟扭转过来，面向南。两手用倒缠劲，两肘屈，手在胸前。然后再用顺缠劲，两手由中平分开。左足随手齐发，用力蹬去。右腿屈而站稳，是独立式。左足蹬时，身微右倚，左右相称，官骸运转，全在于心。心念发，无不随之意。心有权衡，则周身得其宜。此在人之精神，而明之默会其意。上所拳一隅，周身详细推之。去处虽多，尽量言之，但难见知音。纸不能悉，述是吾再思而著草耳。

第二十八式　击地捶

节解

眼看右拳。身向下大弯，顶劲愈得领起，不然身向前仆。留意身后，肱在上伸直，随右拳式涉起。手指束住劲，项与大椎虽随，右拳掌皆可下栽，意思却向上提。此是以偏就弊之法。身法大弯而直。右手击地，亦击大也。手逆缠劲，自肩至手。左膝大屈，挨腹，右膝微屈。两足力抓地，弓与蹬，两足全站稳。（图 38、图 39）

引蒙

承上，右擦脚落地后，足趾向南。两手合住，收在胸前。手与足一齐发动，手从膻中分开，用顺缠法。眼看左手。左足抬起，向左横蹬，令其身西坝。左右放停，不可中断。蹬后落在左一步。左手倒转，向左旋转。右足向前一步，跟手倒转。而后，左足向左再开一步。右手由后涉起，向左足边击地。待身下去，合住劲。左手在上，顶劲领好，旋转脊背灵敏。

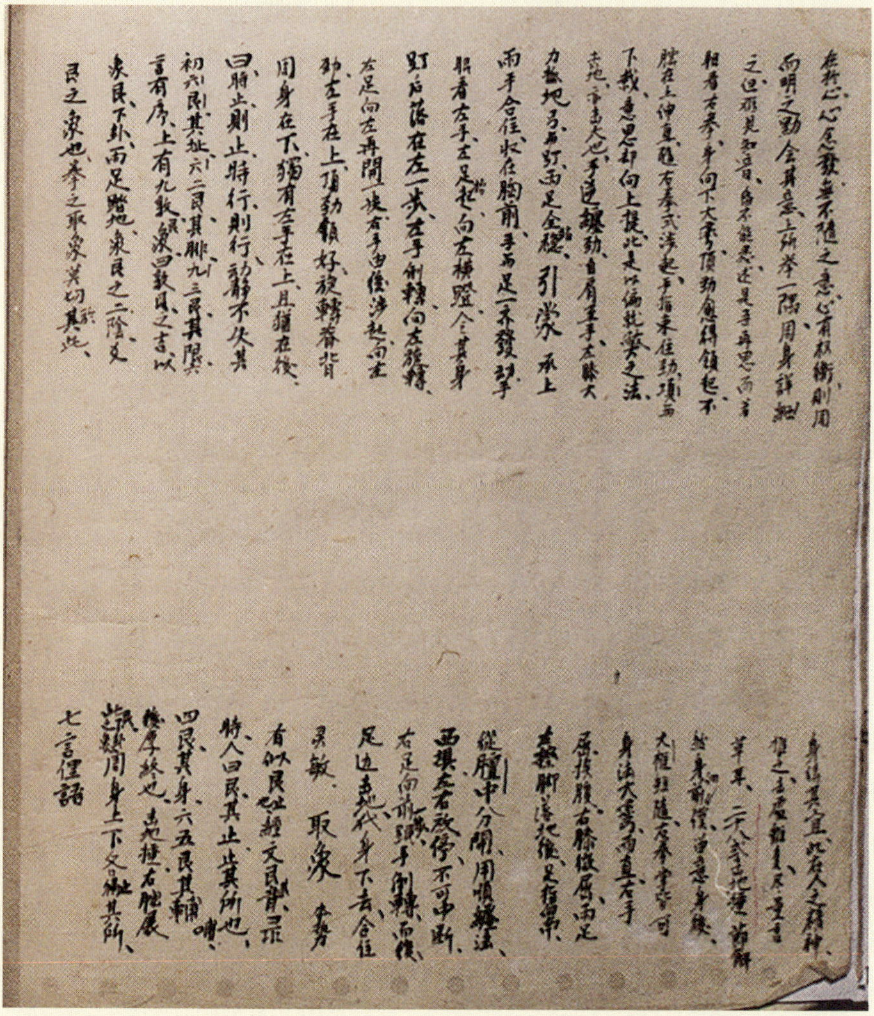

在於心，心急發無不隨之意，心有权衡，則周
而明之勁，全其意，上所拳一隅，周身詳細
之，但那見知音，局不能見，還是手再思而者
相看右拳，手向下大零頂勁，愈得領起不
膝在上伸直，隨右拳式落地，手指來往勁，項面
下截，意思却向上提，此是以偏就整之法，
去地，手去大地，手足纏勁，自肩至手，左膝大
力蓋地，另而虛，兩足金雞，引蒙 承上
兩手合住，收在胸前，手與足一齊發 挈手
眼看左手，左足起，向左橫蹬，令其身
跌後落在左一步，左手側轉，向左旋轉，
左足向左再開一步，右手由後涉起，向左
動，左手在上，頂勁領好，旋轉脊背
周身在下，獨有左手在上，且猶在後，
回頭止，則止，時行則行，動靜不失其
初六艮其趾，六二艮其腓，九三艮其限
言有序，上有九敦艮，象曰敦艮之吉，以
象艮，下卦兩足踏地，象艮之二陰爻
艮之象也，拳之取象其切於此，

身法其宜，此存人之精神，
存之，去處須直，不宜言
草草，二十八合，去地硬，前解
然身前後，首要身後，
大體相隨，右拳常常可
身法大零，兩直左手
屈撐，腹右膝微屈，兩足
去地，腳落地後，足指開
從腹中分開，用順纏法，
西棋左右放停，不可中斷，
右足向前蹬，頭手側轉，兩後，
足進去地，代身下去，合住
靈敏，取象 六勢
有似艮卦，雜文艮背，
時人曰艮，其止止其所也，嘖，
四艮其身，六五艮其輔，
修厚終也，去地撻，右腿展
此民周身上下文口止其所，
七言俚語

修炼必由道德中进行难关。

图 38 击地捶（一）

图 39 击地捶（二）

心有权衡，则周身得其宜。

修炼必由道德中进行难关。

逆转身面向南东。蹬出左脚看奇男。
又为穴中虎子探，其二；放开脚为向前贪。
向下一捶先制命。回身意欲飞上天。
身随顶。
二十九式双摆脚一名二起。节解。
纵过五尺者，非身轻力和不可，比上
左手用先顺转而后逆转，合腕坠起由上而下，
顶劲上提，如有绳提起，周身，独有此式上
东往指，如鸟舒翼。右足先用力向下蹬，待
凌空而跃，身向上提，周身相合而飞腾。
式表下演手，身未动，有潜龙无用之象
形上体手欲动上乾也，下体足欲动乾
而上起，如龙在渊之形，身已纵过头，有
得乾之使不能以动，得乾之健，何患于
节解：胸前合，左肘屈，手拊拳落膝上，肩垂
右拳在头上，腕外方而内圆，肘屈沉下，腰劲下
屈，足且地，展胫上送，小腹下沉，自然合住，裆
进一步，而手由左膝分下，用倒转劲，各绕一圈。
在前上住，右足平蹭，两膝合住，顶劲领起。
第三十式踢脚。节解。胸向前合，左手上
住，两肩松下，右肱伸展，两手东住，左足上

连赶三步缘何事，
东蹬已罢右足悬，
下伏二起用式。
往上纵，愈高愈好。有能
纵落也。胸前合，手探打足指，
往下打，周身合，右手，两肩平，
提者，在足满，左腕手展开，
左足踢起，右足紧随上踢，
足蹬有力，身起愈高愈上。
本式身将动，有龙在田之
也。有稔乾乾之象。身欲动
飞龙上天之象，有此数象，非
良上不能飞扬手。三十式兽头式。
下，目平视，顶劲领住，耳听身后。
去膝拊凹，右膝屈，足平踏左膝。
劲承上二起，右足上前几寸，左足跟
右拳落在额上，左拳在脐下，左足
目先平看，四射，周身合，有攻式。
迈，腿展足跟，看左手足，顶劲领
踢，足脚领下，左腿伸开，右膝微

取象

本式周身在下，独有左手在上，且犹在后，有似艮（止也）。经文艮其背。《象》曰：“时止则止，时行则行，动静不失其时。”又曰：“艮其止，止其所也。”“初六，艮其趾。六二，艮其腓。九三，艮其限。六四，艮其身。六五，艮其辅。”言有序，上有九敦艮。《象》曰：“‘敦艮’之‘吉’，以厚终也。”击地捶，右肱展，象艮，下卦。两足踏地，象艮之二阴。爻此艮（下卦之象），周身上下各止其所，艮之象也。拳之取象，莫切于此。

七言俚语

其一

逆转身面向南东，蹬出左脚看奇男。

连赶三步缘何事？只为穴中虎子探。

其二

放开脚步向前贪，东蹬已罢右足悬。

向下一捶先制命，回身意欲飞上天。

下伏二起用式。

第二十九式　双擦脚（一名二踢起）

节解

身随顶往上纵，愈高愈好。有能纵过五尺者，非身轻力和，不可。此往上纵法也。胸前合，手探打足趾。右手先顺转而后逆转，合腕，纵起，由上向下，往下打。周身合。眼看右手。两肩平。顶劲上提，如有绳提起周身，独有此式。上提，贵在足满。左肱手展开，束住指，如鸟舒翼。右足先用力向下蹬，待左足踢起，右足紧随上踢。凭空而跃，身向上提，周身相合而飞腾。足蹬有力，身起愈高。上式击地下演手，身未动，有潜龙无用之象。本式身将动，有龙在田之形。上体手欲动，上乾也；下体足欲动，乾也，有终乾，乾之象。身欲动而上起，如龙在渊之形。身已纵过头，有飞龙上天之象。有此数象，非得乾之使不能。（图40 ～图 42）

内劲

得乾之健，何患终于艮、止，不能飞扬乎？

图 40 双擦脚（一）

图 41 双擦脚（二）

图 42 双擦脚（三）

心有权衡，则周身得其宜。

第三十式　兽头式

节解

胸前合。左肘屈，手捋拳落脐上。肩松下。目平视。顶劲领住。耳听身后。右拳在头上，肱外方而内圆，肘屈，沉下。腰劲下去。裆撑圆。右膝屈，足平踏。左膝屈，足点地。屁股上泛，小腹下沉，自然合住裆劲。（图 43）

图 43 兽头式

引蒙

承上二起，足落地，右足上前几寸，左足跟进一步。两手由左膝分下，用倒转劲各绕一圈，右拳落在额上，左拳在脐下。左足在前点住，右足平踏。两膝合住。顶劲领起。目光平看，四射。周身合守，有攻式。

第三十一式　踢一脚

节解

胸向前合。左手上迎，肱展足。眼看左手足。顶劲领住。两肩松下。右肱伸展。两手束住。左足上踢，是裆领下左腿伸开。右膝微屈，足实踏。腰劲下去，屁股向后坝。（图 44）

图 44 踢一脚

引蒙

本式承上兽头式。两手用顺缠劲，由里往外一齐伸展，与肩平。身向下沉。左足向上猛踢，右股屈，足用力平踏。胸前合，上下相称，向下坠。唯左足上起，顶劲故得领好。

内劲

面西者转向西北。右拳在额，从外往里缠。左拳在脐，亦从外往里缠。劲由腋至手，两肱展与肩平。眼看左足敌方。

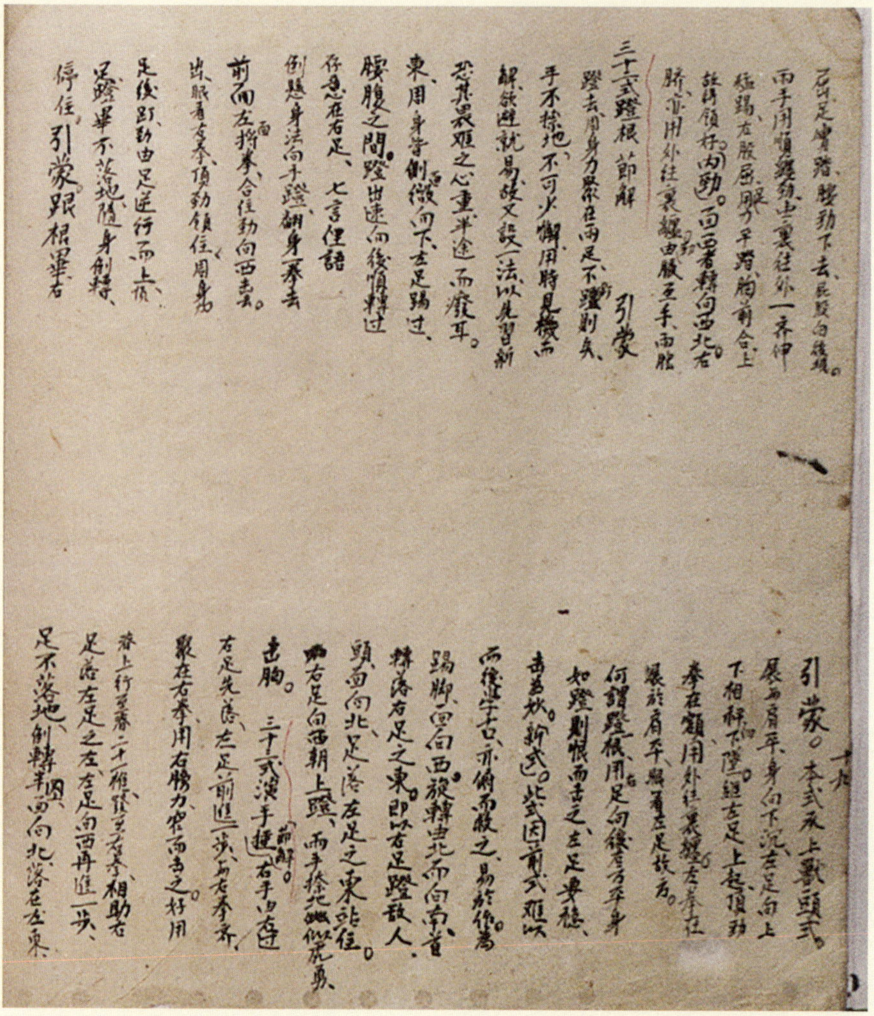

右足實踏、腰勁下去、長股向後蹲。
兩手用領勁由裏往外一齊伸
極踢、左股屈、腿用力平踏、胸前合上
雖借領好內勁。西面者轉向西北、右
膝亦用外往裏纏勁、由股至手、兩肱
三十式蹬根 節解 引蒙
蹬去、用身力聚在兩足、不蹬則矣、
手不撩地、不可少懈、用時見機而
解、欲避就易、故又設一法、以免習新
恐其畏難之心重、半途而廢耳。
東、用身首側微向下、左足踢過、
腰腹之間。蹬出速向後慎轉过
存意在右足、 七言俚語
倒懸身法向下蹬、翻身拳去
前面左將拳、合住勁向西去。
此眼看右拳、項勁領住、周身
足後跟勁由足底行而上、頂
足蹬畢不落地、隨身側轉、
停住。 引蒙跟根畢右

十九
引蒙。本式承上獸頭式。
展兩肩平、身向下沉、左足向上
下相稱、下墜。經左足上起、領勁
拳在額、用外往裏纏、左拳在
展於肩平、兩眼看左足故方。
何謂蹬根、用足向後右方平身
如蹬、則根而出之、左足要穩、
出易状。新式。此式因前式难以
而後此學之、亦俯而教之、易於作為
踢腳、回向西旋轉由北而向南、首
轉落右足之東。即以右足蹬敵人、
頭、面向北、足落左足之東站住。
右足向西朝上蹬、兩手捺地似虎勇、
出胸。 三十一式演手捶 節解。右手由右邊
右足先落、左足前進一步、右左拳齊、
聚在右拳、用右膀力、彈而出之、好用
拳上行至膝二寸、推至右拳相助、右
足落左足之左、右足向西再進一步、
足不落地、側轉半圈、面向北、落在左東

第三十二式　蹬一根

节解

图 45。

图 45 蹬一根

引蒙

何谓蹬一根？用右足向后右方平身蹬去。周身力聚在两足，不蹬则矣，如蹬则恨而击之。左足要稳，手不捺地。不可稍懈，用时见机而击为妙。

新式

此式因前式难以解，欲避就易，故又设一法。以先习新而后学古。亦俯而救之，易于作。为恐其畏难之心重，半途而废耳。

踢脚，面向西。旋转，由北而向南，首东，周身皆侧面微向下。左足踢过，转落右足之东。即以右足蹬敌人腰腹之间，蹬出，速向后顺转

心有权衡，则周身得其宜。

修炼必由道德中进行难关。

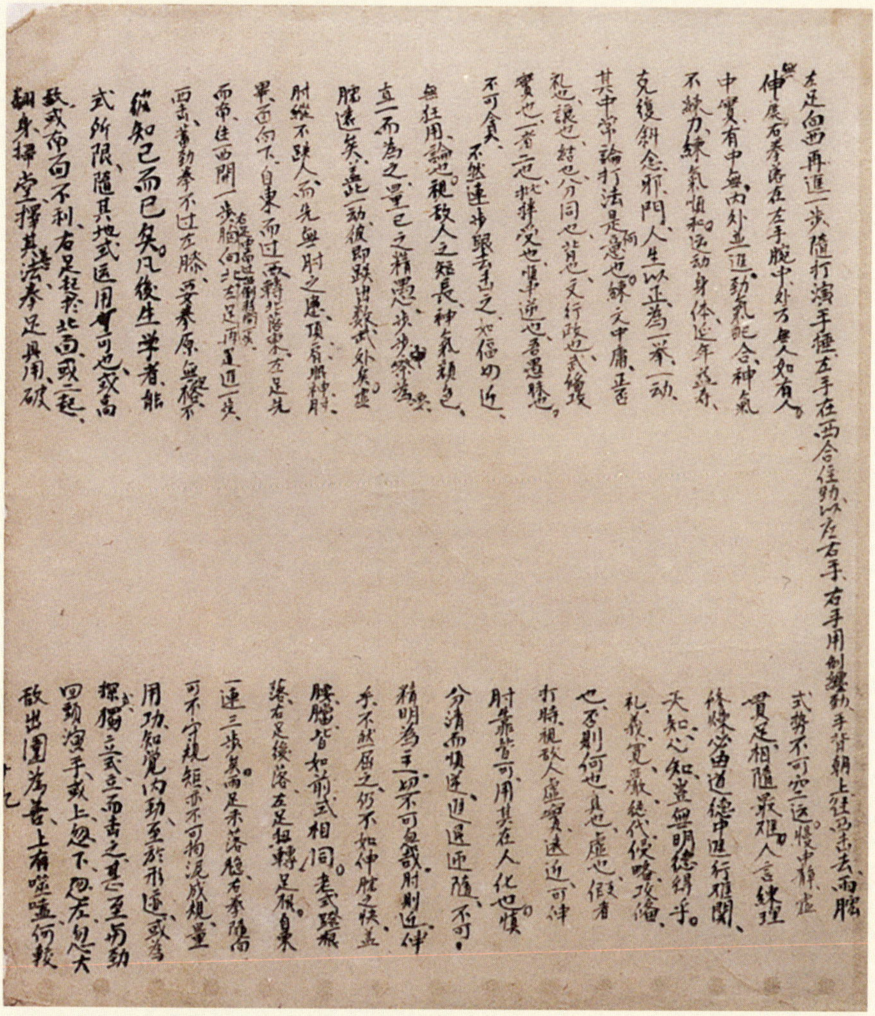

左足向西再進一步，隨打演手捶，左手在西合住勁，以左右手，右手用劍纏勁，手背朝上往西去，而臆
伸展右拳落在左手腕中，外方無人如有人。
中實有中無，內外並進，勁氣能合，神氣
不缺力，練氣順和，運動身体，延年益寿，
克復斜念邪門，人生以正為一舉一動，
其中常論打法是意也。練文中庸，正吾
乱也，讓也，結也，分也，同也，背也，文行政也，武總攻
實也，一者亦也，批評受也，順中逆也，吾遇愁也。
不可貪夫，不然連步跟去出之，如僵如近，
無狂用，論也。視敵人之短長，神氣顏色，
直一而為之，量已之精愚，步步察為要，
臆遠矣。差之一動，彼即跌出數武外矣。虛
肘緩不跌人，而先無肘之處，頂肩肘，
畢，面向下，自東而過，西轉北落東，左足先
而南，往西開一步，臆向北，右足迈而直進一步，
西去，蓄勁拳不过左膝，要拳原無發不
須知己而已矣。凡後生学者，能
式所限，隨其地式運用皆可也，或高
跌，或而向不利，右足起於北面，或二起，
翻身擺堂，擇其善法，拳足兼用，破
式勢不可空運，慢中靜虛
貫足相隨最難，人言練理
修煉必由道德中進行難關，
天知心知，豈無明德得乎。
礼義寬厳，德代侯略攻倫，
也，否則何也，真也，虛也，假者
打時視敵人虛實，遠近，可伸
肘靠皆可用，其在人化也。慎
分清而順逆，進退迎隨，不可
精明為主，一切不可自識，肘則近，伸
手不然，屈之，仍不如伸肱之快，盖
膝臆皆如前式相同。老式踩根
落，右足後落，左足往轉，足根自東
一連三步矣，而足未落穩，右拳隨向
可不守規矩，亦不可拘泥成規，量
用功知覺，內勁至於形透，或為
探式獨立，或立而擊之甚至，而勁
回頭演手，或上忽下，忽左忽大
敵出圍為善，上有噬嗑，何較

过头，面向北，足落左足之东，站住，存意在右足。

七言俚语

右足向西朝上蹬，两手捺地似虎勇。

倒悬身法向手蹬，翻身一拳去击胸。

第三十三式　演手捶

节解

右手由右过前而左面捋拳，合住劲向西击去。右足先落，左足前进一步，与右拳齐出。眼看右拳。顶劲领住。周身加聚在右拳，用右膀力，爹而击之，好用足后蹬。劲由足逆行而上，顺脊上行至脊二十一椎，发至右拳相助。右足蹬毕不落地，随身倒转，足落左足之左。左足向西再进一步，停住。（图 46）

图 46 演手捶

心有权衡，则周身得其宜。

引蒙

跟根毕，右足不落地，倒转半圈，面向北，落在左足。左足向西再进一步，随打演手捶。左手在西合住劲，以应右手。右手用倒缠劲，手背朝上，往西击去。两肱无伸展。右拳落在左手腕中。外方无人如有人。式势不可空运。慢中静，虚中实，有中无。内外并进，劲气配合，神气贯足，相随最难。人言练理不练力，炼气顺和，运动身体，延年益寿。修炼必由道德中进行难关，克服邪念、邪门。人生以正为一举一动，天知心知，岂无明德得乎？其中常论打法是何意也？练文中庸，正否礼、义、宽、严、惩罚、侵略、攻备。礼也，让也。结也，分同也、背也。文行政也，武备攻也，否则何也？真也，虚也，假者实也。一者二也，批拌受也。顺中逆也，吾愚昧也。打时，视敌人虚实、远近，可伸不可贪。不然连步跟去击之，如逼切近，肘靠皆可，用其在人化也，慎无狂用论也。视敌人之短长，神气颜色，分清而顺逆。进退迎随，不可直一而为之。量己之精愚，步步审察为要，精明为主，切不可忽哉。肘则近，伸肱远矣。盖此一动，彼即跌出数丈外矣。虚乎，不然屈之仍不如伸肱之快。盖肘纵不跌人，而先无肘之患，顶、肩、眼神、肘、腰、裆，皆如前式相同。

老式蹬根毕，面向下，自东而过西，转北落东，左足先落，右足后落。左足扭转足跟，自东而南，往西开一步；右足由南过西倒转开一步；胸向北，左足再进一步，一连三步矣。两足未落稳，右拳随向西击，蓄劲，拳不过左膝。要拳原无定格，不可不守规矩，亦不可拘泥成规，量彼知己而已矣。凡后生学者，能用功，知觉内劲，至于形迹，或为式所限，随其他式运用可也。或高探式、独立式，立而击之，甚至与劲敌或南面不利，右足起于北面；或二起，回头演手；或上，忽下，忽左，忽大翻身，扫堂，择其善法，拳足俱用，破敌出围为善，上有噬嗑，何较灭趾之凶；下有大过，过涉有灭顶噬嗑，灭耳颐之颠诸象。反复其道，不知何时始能出重险。利涉大川，而得中行，独复手则七日来复矣。履道坦坦，其谁不用武。人之惩演之，以手报怨。孔子曰“以直报怨”，未为过也。

内劲

中气由丹田上行至肩，斜缠，由外往里至拳背第三节下。力由右足跟逆行，顺脊而上，过肩至右拳，须用膀力合劲打之。左手亦用倒缠至手指微抠住，腕向东。身法皆与前式同。合膝，足平踏稳，右足在后如蹬，以助右拳之力。右膝不可软，与左膝合。

七言俚语

其一

第四演手面向西，入险出险报人欺。
右拳须用膀上力，一击敌人乱马蹄。

其二

左足落地最为先，右足转落左足前。
再将左足进一步，试看神力饱空拳。

第三十四式　小擒拿

节解

顶劲，肩、肘、胸、腰、胯、裆、膝、足之法如上式。用此须要灵活，心意在后须用手。要拳须知用顶劲，顶是为一身之大纲。眼看来人之胸，腰劲下去，否则无力。右足承上式，向前进半步，左足因人方式而进一步击之。欲进左足，必须先进右足，为引进。裆劲开圆则有力，转动如意。（图 47）

引蒙

来人以手推吾，即以左手迎之，用顺缠法，引开来人之手，以右手对来人之鸠尾推之。前演手捶或未击准，敌人复来，故以右手再推而击之。

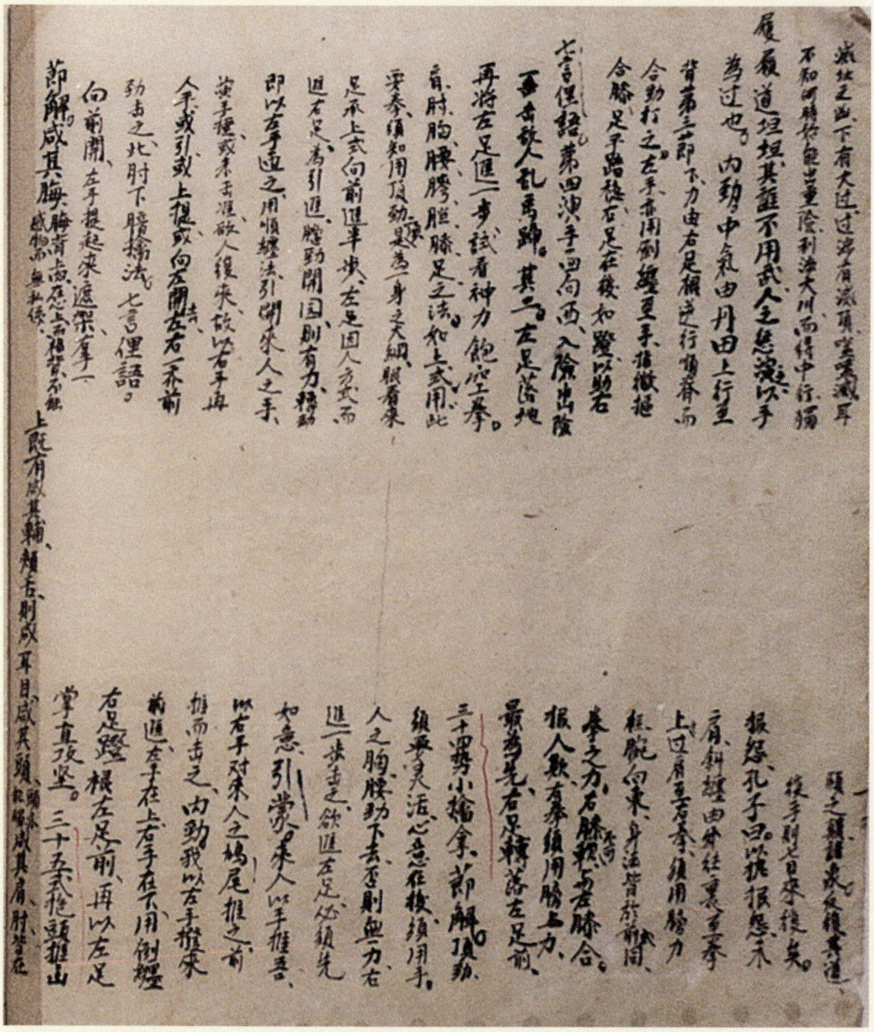
崇壯之出、下有大过、过涉有凶頂、咲咲滅耳
不知何時於龍出重險、利涉大川、而行中行、獨
履履道坦坦、其誰不用武人之悠深以手
為过也。內勁中氣由丹田上行至
背第三節下，力由右足根逆行脊而
合勁打之。左手亦用倒纏至手指撤捶
合膝。足手路發，右足在後和聲以助右
七言俚語：第四演手回向西，入險出險
要去發人亂馬蹄。其二，左足落地
再將左足進一步，試看神力飽空拳。
肩、肘、胸、腰、胯、腿、膝、足之法。如上式用此
要拳須知用頂勁，是為一身之大綱，眼看來
足承上式向前進半步，左足因人之式而
進右足，為引進，將勁閉固則有力，轉勁
即以左手迎之，用順纏法引開來人之手，
演手提或來手進敵人復來，故以右手再
人手或引或上提或向左開去，左右一齊前
勁擊之，此肘下腰掃法。七言俚語：
向前開，左手提起來遮架，拳一
節解，咸其腓，腓背面。咸物而無私係，左心上而福智不能
上既有咸其輔頰舌，則咸耳目，咸其頭，頭承松竭，咸其肩、肘皆在
頭之顛，謂之泥丸，復歸其道
後手到目來，後矣。
振發，孔子曰以挑振懸，不
肩，斜纏由外往裏至拳
上过肩至右拳，須用騰力
在腕向來，身法皆於前開，
拳之力，右膝與左膝合。
振人數有拳須用騰上力，
最為先，右足轉落左足前，
三十四勢小擒拿。節解，頂勁，
須要靈活，心意在拳，須用手。
人之胸腰，勁下去否則無力，右
進一步擊之，欲進左足必須先
如意，引導來人以手推吾，
以右手對來人之鳩尾推之，前
推而擊之，內勁我以左手推來
前進，左手在上右手在下，用倒纏
右足蹬，根在足前，再以左足
掌直攻堅。三十五式抱頭推山

图 47 小擒拿

内劲

我以左手拨来人手，或引，或上提，或向左开去，左右一齐前进。左手在上，右手在下，用倒缠劲击之，此肘下暗擒法。

七言俚语

右足蹬根左足前，再以左足向前开。

左手提起来遮架，右手一掌直攻坚。

第三十五式　抱头推山

节解

咸其脢（脢，背上肉，在心上，而相背，不能感物，而无私系）。上既有咸其辅，颊舌，则咸耳目，咸其头（头亦能触），咸其肩、肘，皆在其中。周身用劲前推，肩、肘、手，要力推去。亦犹左足，咸其拇。顶劲

其中周身用劲，前推肩，肘手要力推去，亦猶
法。引蒙。我方向西擒人，忽四围而来，
來人之手，迎而推之，胸膊使彼不得入而去也，
重屈左腿，屈而转伸，用力後蹬，推转迎
由外往裏缠，取其併力相合而攻之，然後
两手先自上而下至大腿分開，例转往上
打者，反害自己也。三十六式单鞭，節解。
倒缠劲由脉外往裏缠，五指攥住，而左
膀撑园。引蒙，推山式，吾将东方
一合，向西劈去，左肱伸足，心要虚
落實，其他全實，此谓虚而實。頂
合時逆缠劲，開用順缠劲，左右肱皆用逆
、摇開，向西，左腿順缠，右腿裏往外缠，
七言俚語：双手抱頭向東推，又有敌人自西追，
忽然左耳聽西方，若有人兮稱刚强，豈知太極
三十七式前招，節節即解。頂劲領住，鬆肩
手，耳聽背後，两肩、頭、肩井扶腎，皆
搭劲下去，右手腕向下，左膝微屈，左手在上，
何谓前招，眼向前看左手也。何以招，左手
以左手往上一領，繞一小圈，用小指带手尚小

左足跟員踏，頂劲領起，下体如溜了
恐去五官，我即以两手連身把转分開
我使来，如推山式取之，右腿伸而忽
中迎，内劲由肢皆用缠丝劲，
迎推之愈宜，如疾風閃電，空遠，
至耳後，即向前推去。此是运法，如視
頂劲領住，两肩鬆下，腰着手，右肱
手相合，胸中虚含，腰劲下去，
推走西方，又有来攻吾，即以两手
心虚，四体皆虚，丹田、腰、足三者
劲領住，則全体劲皆能振起，左肱
缠，两腿合時用倒缠，由足至大腿
逆行至腿根、足指，膝皆用力。
回頭諸式來不及，惟用单鞭最相宜。
元氣精為用，金鞭孰敢當。
沉肘，指用力，眼看左手，而左
鬆下，右肘朝上，胸向前合，膝
右膝前屈，足平踏。引蒙。
如有敌人由西而来，征吾左背，故
肱膊、肩而击之，以肘須手敏捷状、

领起下体，如演手法。（图 48）

引蒙

我方向西擒人，忽四围而来，恐击吾首，我即以两手连身扭转，分开来人之手，进而推之胸肋，使彼不得入而击吾。我使手，如推山式取之。右腿伸而忽变屈。左腿屈而转伸，用力后蹬。推时速中加速。

内劲

四肢皆用缠丝劲，由外往里缠，取其并力相合而攻之。彼愈进，推之愈宜。如淚风闪电，宜速。两手先自上而下至大腿分开，倒转往上至耳后，即向前推去。此是运法，如视打者，反害自己也。

图 48 抱头推山

心有权衡，则周身得其宜。

第三十六式　单鞭

节解

顶劲领住。两肩松下。眼看左手。右肱倒缠劲，由腋外往里缠。五指撮住，与左手相合。胸中虚含。腰劲下去，裆撑圆。（图 49）

图 49　单鞭

引蒙

推山式方将东方推走，西方又有来攻。吾即以两手一合，向西劈去。左肱伸足，心要虚。心虚，四体皆虚。丹田、腰、足三者落实，其他全实。此谓虚而实。顶劲领住，则全体劲皆能振起。左肱合时，逆缠劲；开，用顺缠劲。右肱皆用逆缠。两腿合时用倒缠，由足至大腿根，开向西。左腿顺缠。右腿里往外缠，逆行，上至腿根。足趾、腓，皆用力。

七言俚语

双手抱头向东推，又有敌人自西追。
回头诸式来不及，惟用单鞭最相宜。
忽然左耳听西方，若有人兮称刚强。
岂知太极元气转，为用金鞭孰敢当。

第三十七式　前招

节解

顶劲领住。松肩，沉肘，指用力。眼看右手与左手。耳听背后。两肩髃、肩井、扶突皆松下。右肘朝上。胸向前合。腰裆劲下去。右手腕向下。左膝微屈。左手在上。右膝向前屈，足平踏。（图 50）

引蒙

何谓前招？眼向前看左手也。何以招？左手如有敌人，由西而来，捉吾左背，故以左手往上一领，绕一小圈，用小指掌与小胳膊，转而背击之。此时须手敏、眼快，迟则受人制。在左手领时，腰、裆一齐下去。周身运转，自觉灵活。右腿屈，左足收束，自然活动容易。左手上领，绕一小圈，顺转劲。右手在后，倒转。总之必令周身相随，一气贯通。

内劲

打拳在用心不用心。心机一念，手转一圈，手即随其意。传令者，

图 50 前招

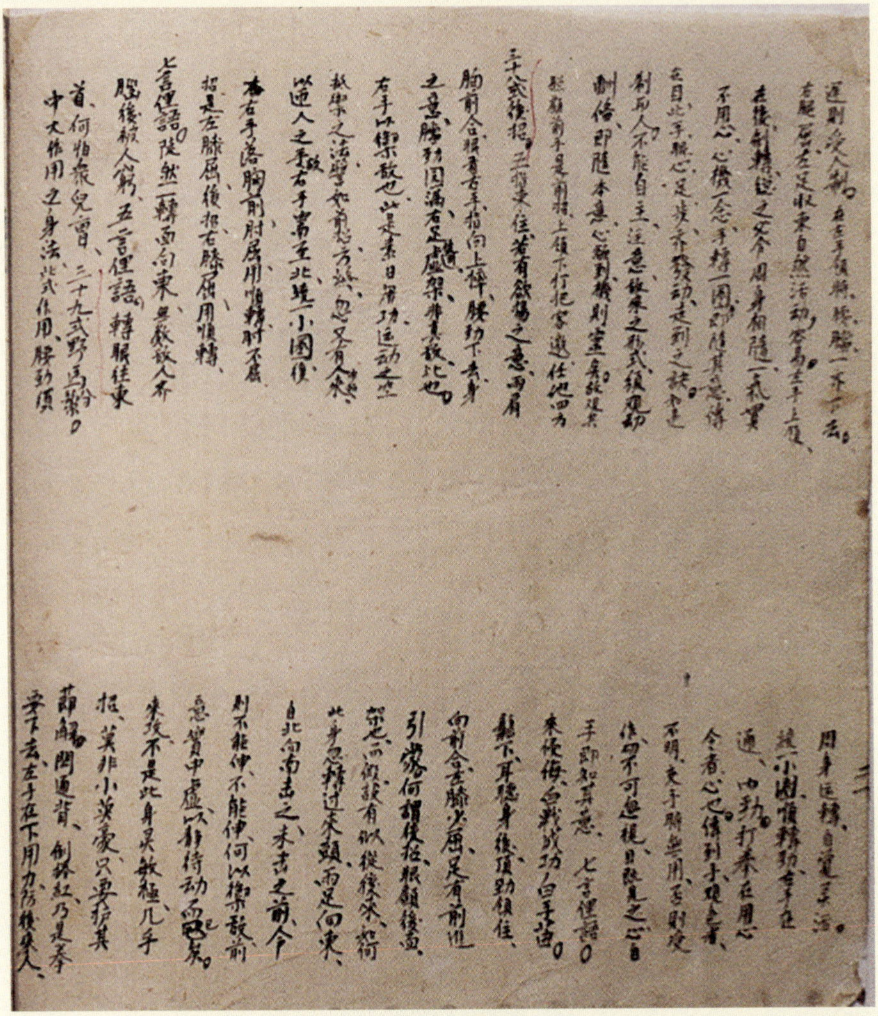
逆则受人制。右手领头，接腿一齐下去。
右腿屈，左足收来自然活动，容易左手上领、
左后制转从之妙。令周身相随，一气贯
不用心，心机一念手转一圈，即随其意传
左目此手拟心足步齐发动，是列之诀。亦是
制取人，不能自主，注意彼来之形式，留观动
制倍，即随本意心动，则室主宰。亦就是其
招离前手是前招，上领下行，把容道，任他四方
三十八式后招。三指来住，若有欲伤之意，两肩
胸前合，根系右手指向上伸，腰劲下去，身
之意，腰劲圆满，右足虚架，非真敌，比也。
右手以禦敌也，此是素日常功运动之空
秋架之法，学者当先方终，忽又有人来
以逆人之手，敌右手当至此，随一小圈复
本右手落胸前，肘屈用，唯转肘不屈
招是左膝屈，后招右膝屈用唯转、
七言俚语。陡然一转面向东，无敌设人亦
腿后被人缠，五言俚语。转眼往东
首，何怕飞儿会。三十九式野马分鬃。
中大作用之身法。此式作用，腰劲须
用身运转，自觉手活。
转一小圈，唯转劲，右手在
通，中劲。打拳在用心
令者心也。传到手梢上者，
不明，更手脚无用，否则便
作，切不可急视，目与见之心目
手即知其意。七言俚语。
来后悔，自战成功白手出。
稳下，耳听身后，顶劲领住，
向前合，左膝必屈，足有前进
引势何谓使极，眼顾后盘，
架是，而后设有从后来，将
此身忽转过来头，面足向东，
自北向南去之，未去之前，今
则不能伸，不能伸何以禦敌，前
急实中虚，以静待动而已矣。
来攻，不是此身只敏极几乎
捉，莫非小英豪，只要护其
前解胸通背，制胜红，乃是拳
要下去，左手在下用力防，后来人，

修炼必由道德中进行难关。

心也，传到手。观色者，在目。此手、眼、心、足、步齐发动，走到之诀。如是不明，交手时无用。否则受制于人，不能自主。注意敌来之形式，须观动作，切不可忽视。目既见之，心自酬备，即随本意。心欲到，机则灵矣。故观其手即知其意。

七言俚语

照顾前手是前招，上领下打把客邀。

任他四方来侵侮，白战成功白手苗。

第三十八式　后招

节解

五指束住，若有欲扬之意。两肩松下。耳听身后。顶劲领住。胸前合。眼看右手，指向上率。腰劲下去，身向前合。左膝稍屈，足有前进之意。裆劲圆满。右足先进虚架，非真敌比也。（图 51）

引蒙

何谓后招？眼顾后面，右手以御敌也。此是素日用功、运动之空架也。而假设有人从后来，如何抵御之法？譬如前招，方终，忽又有人从后来。此身忽转过来头，两足向东，以迎人之手。故右手由南至北绕一小圈，复自北向南击之。未击之前，令右手落胸前，肘屈，用顺转。肘不屈则不能伸，不能伸，何以御敌？前招是左膝屈；后招右膝屈，用顺转。意实中虚，以静待动而已矣。

七言俚语

陡然一转面向东，无数敌人齐来攻。

不是此身灵敏极，几乎脑后被人穷。

心有权衡，则周身得其宜。

图 51 后招

五言俚语

转眼往东招，莫非小英豪。

只要护其首，何怕众儿曹。

第三十九式 野马分鬃

节解

闪通背、倒卷红，乃是拳中大作用之身法。此式作用，腰劲须要下去。左手在下用力，防后来人来攻。顶劲领起，则周身精神振足。眼顾要快。右手直捋用劲，左手直捋用劲。左足欲有前进之意。右膝屈，不可软。裆愈下愈好。左手腕朝下，指头上握。右足站稳。胸合住。右肘沉下用劲。（图 52、图 53）

图 52 野马分鬃（一）

图 53 野马分鬃（二）

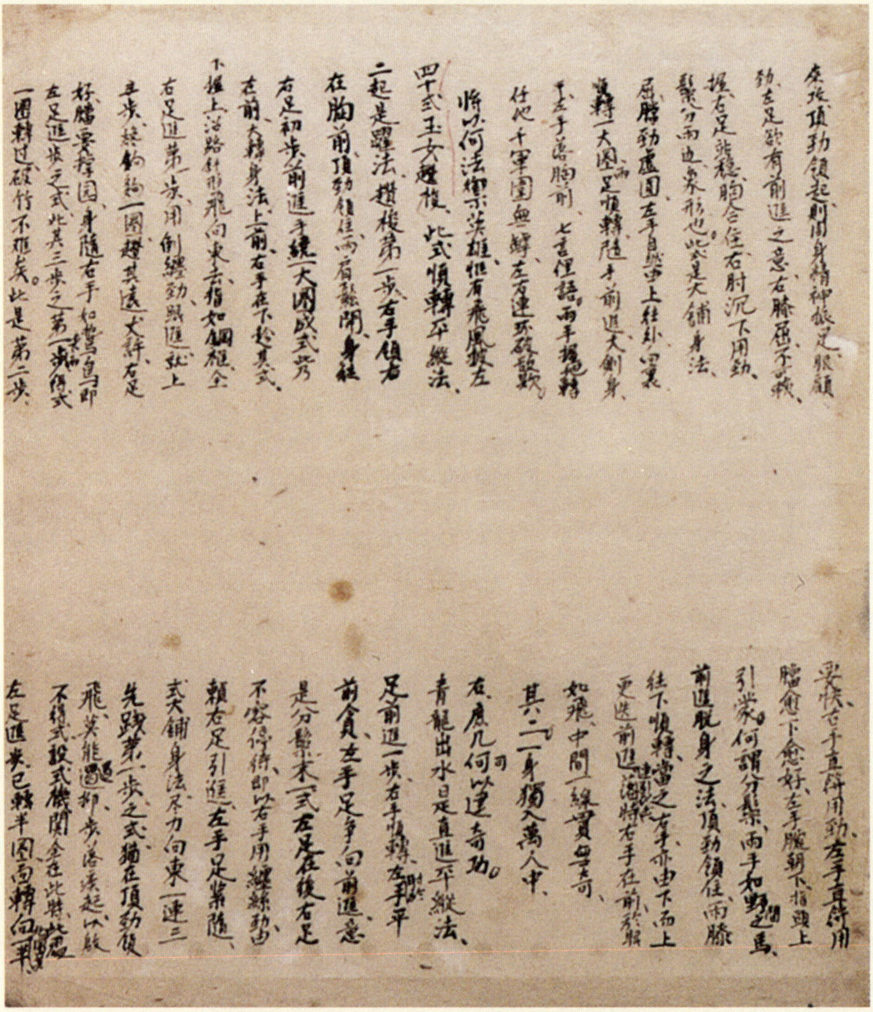
本放頂勁領起則周身精神振足眼顧
勁左足欲有前進之意右膝屈不可藏、
提右足非穩胸合住右肘沉下用勁、
鬆分兩邊象形也此是大鋪身法、
屈膝勁虛圓左手自然由上往外宜裹、
運轉一大圈而足順轉隨手前進大側身、
手左手落胸前、七言俚語兩手攏抱轉
任地千軍圍無數、左右連環破敵戰。
將以何法禦英雄、但有飛鳳掀左
四十式玉女翻梭、此式順轉卒纏法、
二起是躍法翻梭第一步右手領右
在胸前頂勁領住兩肩鬆開身往
右足初步前進手繞一大圈成式旁
在前、大轉身法、上前、右手在下趁其式、
下握上沿路針形飛向東去猶如鋼椎全
右足進第一步用側纏勁、照進上
五步、緊約一圈翻其遠、大許、右足
好膝要穩固、身隨右手如鷙鳥即
左足進步之式此其三步之第一步作式
一圈轉過破竹不難矣。此是第二步、
要快、右手直伸用勁、左手直伸用
膽愈下愈好、左手腕朝下、指頭上
引裳。何謂分鬃、兩手如野馬、
前進脫身之法、頂勁領住、兩膝
往下順轉、當之右手亦由下而上
更迭前進轉右手在前、
如飛、中間一線貫無奇、
其六二「一身獨入萬人中、
右、庶几何以逞奇功。
青龍出水是直進平縱法、
足前進一步右手順轉、左手平
前貪左手足爭向前進意
是分鬃末式左足在後右足
不容停待、即以右手用纏絲勁由
翻右足引進左手足緊隨、
式大鋪身法不力向東一連三
先跺第一步之式猶在頂勁使
飛、莫能遏抑、步落復起以啟
不待式設式機關全在此點
左足進步已轉半圈而轉向西

引蒙

何谓分鬃？两手如野间之马，鬃分两边，象形也。此式是大铺身法，前进脱身之法。顶劲领住，两膝屈，裆劲虚圆。左手自然由上往外、向里、往下顺转挡之，右手亦由下而上顺转一大圈。两足顺转，随手前进。大侧身，更迭前进，连引带击。落时右手在前，与眼平，左手落胸前。

七言俚语

其一

两手握地转如飞，中间一线贯无奇。

任他千军围无罅，左右连环破敌欺。

其二

一身独入万人中，将以何法御英雄，

惟有飞风披左右，庶几可以建奇功。

第四十式　玉女蹿梭

此式顺转平纵法，青龙出水是直进平纵法，二起是跃法。蹿梭第一步，右手领右足前进一步，右手顺转。左肘与手平，在胸前。顶劲领住。两肩松开，身往前贪。左手足争向前进，意右足初步前进，手绕一大圈，成式。此乃是分鬃末一式。左足在后，右足在前，大转身法上前，右手在下趁其式，不容停待，即以右手用缠丝劲，由下握上，沿路斜形飞向东去。指如钢锥，全赖右足引进，左手足紧随。右足进第一步，用倒缠劲跟进，就上式大铺身法，尽力向东一连三步，才够一圈。蹿其远，丈许。

右足先践第一步之式，犹在顶劲领好，裆要撑圆。身随右手，如鸷鸟即飞，莫能遏抑。步落疾起，以启左足进步之式。此其三步之第一步。下两步得式不得式，设式机关全在此时。此处一圈转过，破竹不难矣。此是第二步。左足进步，已转半圈，面转向北，圈其一半矣。右足连进

氣右足運旋不停，似停不停，突起下式
小異其實不相同，兩足前進本不停，平合餘
上下身法與第一攬擦衣式皆同，但是
較敍似难，盖吾身出重圍，進人未能設持即
手在外，由右过左至中，再由中往右開去，右足
落地，指隨落，實成式，不丁不八，五指抓地，兩
左手由逆纏勁由手至腋，復由腋至手，右腿由
兼天下惟能動者，皆用纏絲勁，其意未嘗不
下上皆隨之，左腿亦是由外往內斜旋，合陰
故曰纏絲勁，雖時在靜，無存在腹腔之內，此磐
勁，則不能開，故纏絲不可離也。取象，紫玉女蹬
以右手禦，禦敵有禁止之象，合陰而止之意，
象言人既不能明破吾分際，又不能禦
於前，豈知吾以剛中之法，行於其間，如
包即引進之意，使人知吾之意不敢妄
知幾成上击象之式，亦禦寇之不得恐
有禦止之具，此中矣，以剛中之勁，豈
敵其不免，如此克家之戰宜哉，至於剛
象弃一，七言俚語。玉女蹬腹亦向東，

來膝，傍式騎本於懶擦衣，大同
盤折四十二式懶擦衣引象
手足方位不一，此段體類後卷
以右手禦敵，向東偏視前方之右
隨手至中，復往右開，一大無纏先
足雖齊，右手足皆用順纏絲勁，
指向外，纏至腿根，以即合陰，至于足，
在四肢，股腿之內，故一式既成，意合
至右足，合并而上，体全合住勁，
特發驗也，合不到合陰，則無膽
稚之後，又有發未使有陰难之象，
之象，故取諸象，諸何取乎而
吾纏復，而猶乘吾之陰，但
坎之九二，剛中五上下爻無餘包。
進即拿象引正之道，如求
者，且為中男，力正強也，即兩手，
若能以手止物，懲哉，則株以肩膺，
中之外，一切不知，童象也，童
輕身直出象人中，雖有驗乘

不停，似停不停，唤起下式来脉。停式时本与揽扎衣大同小异，其实不相同。两足前进，各不停留，愈快愈好。（图 54）

图 54 玉女蹿梭

第四十一式　揽扎衣

引蒙

上下身法与第一揽扎衣方式皆同，但是手足方位不一。此从蹿梭后来，较彼似难。盖吾虽出重围，四边人未静，故转即以右手御敌，向东偏视前方之右手在外，由右过左至中，再由中往右开去。右足随手至中，复往右开一大步，踵先落地，趾随落实，成式，不丁不八，五趾抓地，两足站齐。右手足皆用顺缠劲。左手用逆缠劲，由手至腋，复由腋至手。右腿由趾向外缠至腿根，以即会阴，至左足。盖天下惟能动者，皆用缠丝劲。其意未尝不在四肢、股肱之内。故一式既成，意合上下皆随之。左腿亦是由外往内斜缠，过会阴，至右足合，并与上体全合住劲。故曰

图 55 揽扎衣

缠丝劲。虽时在静，无不存在股肱之内。此于合时，不能考验也。合不到会阴则无，裆劲则不能开，此缠丝不可离也。（图 55）

取象

此承玉女攒梭之后，又有敌来侵，有险难之象；以右手御敌，有禁止之象。合险与止二意，坎下艮上之象，故取诸蒙。何取手而蒙？言人既不能明破吾分鬃，又不能御吾攒梭，而犹乘吾之险，阻于前，岂知吾以刚中之法行于其间。如坎之九二，刚中之上下爻，无所包。包，即引进之意，使人知吾之意，不敢妄进，即养蒙引正之道。如其不知，缴成上击蒙之式，亦御寇之不得然者。且为中男，力正强也。艮为手，有御止之具。以此中年，运以刚中之劲，岂弟能以手止物已矣哉？剥床以肤，敌其不免，如此克家之战宜哉。至于刚中之外一切，不知童蒙象也。童蒙专一。

七言俚语

其一

玉女躦梭步向东，轻身直出众人中。

虽有贼（人）来相犯，中气一击拌雌雄。

其二

破围全在揽扎衣，屡分疏合识者稀。

即擒即纵缠丝劲，须经此内会天机。

第四十二式　单鞭

节解

图 56。

图 56 单鞭

引蒙

身步二法与第一式皆同。兹则又以回其母，乃人之一身，惟有左右手用之最便。肩、背、肘，敌依身者用之，足与腿所不及者用之。惟两手前遮、后围、左拒、右挡，指挥无不如意，用之最便，故见使用居多。

相犯、中氣一去靜雌雄。其二破圍全在擸擦衣、屢分疏合(中)識者稱、即謂即纏絲勁、指經此內含天機。
四平勢單鞭、節解張拳身步二法而第一式皆同、前則又以肩其母乃人之一身惟有左右手用之最便、有背
肘敵依身者用之足而腿所不及用之、惟兩手前遮後圍、左捉右當、指揮無不如意、用之最便、
故見使用居多、且之由前來者、偏於左右正中心、以即上下皆用兩手迎之、或一齊並用、或來回
更迭、似為少易、獨於敵在左右、或一齊來、皆用單鞭破之、或右來右迎、左來左接擊之、拳中惟有此最良。
故屢用不厭、人問何以良、大約人來侮我者、欲求勝猛烈居多、知進而不知退、此時已入彀中矣。問何
以入彀、蓋我彼一旦知進、我以退引之、彼不諭我為引法、正欲使之前進、吾雖伏於掛、待人智力用盡、知
難攻人、急思返退、來不及矣、至此彼手中不得式、足下無力、故吾不去則、去之一回轉、反可反守為攻之
法、此即欲抑先伸、欲伸先屈之法也。夫豈有異術哉、此理獨吾常人皆知之、臨事而忘之耳、然此功夫要純熟、
雖然、此中是一個纏絲勁、而不可不知五行生剋、自然不有無轉不生、然如兩人交手、人以柔來屬陰、陰來當
以陽剋之、屬水、當以火剋之、此當然之理式也、人所易知者。獨自於拳則不然、運用全是經中寓權、
權不離經、何言乎、爾彼以柔來、以柔勁聽我、如何參透、而使來機、去我吾若以剛迎之、則中其謀、愚甚也、
問該如何應答、彼以柔法聽我、吾及以柔法迎之、拳中有介、彼引我進、吾進只到吾界、不可再進、進則必
失、如曰不入虎穴、焉得虎子、是大丈夫所為、非人皆能之、縱有勇敢之士、亦是設險非善策哉、漢孔有言
孔明慎之、今子龍與趙、不臨乎萬中善謀、拚有成就、豈可恃勇、大意自滿、非丈夫也、勇夫也。彼引我進、未至界、
即柔變為剛、是彼獨我愛柔、為剛、彼不我也、吾當以柔剋之、半途之中、其此實人是我、仍然以柔引之、使落空、吾去之、者
彼引吾至介、是終立以窺之機、或形色轉換、彼之進力、若有機可乘、吾反以柔變剛擊之、此之謂以剛克柔、以火剋
水、如彼引吾至介、未變其柔、交介之際、又亦宜擊之、如無隙可乘、柔勁知故、是精熟也。其對手亦可以持、吾可
退守吾門戶、以柔迎聽之、吾至此、仍以柔聽之、審精而退、以柔引之、使進、彼若不進、是智者也、彼如以吾引之、而據遠退、
我以、彼我為住、實則然、或以柔來、或半途變剛、我得神往其手、徐徐引之使進、是今其不得不進、進至不得式之際、彼之方

且之由前来者，偏于左右正中心，以即上下皆用两手迎之。或一齐并用，或来回更迭，似为少易，独于敌在左右，或一齐来，皆用单鞭破之。或右来右迎，左来左接击之。拳中惟有此最良，故屡用不厌。人问：“何以为良？”大约人来侮我，多欲求胜，猛烈居多，知进而不知退，此时已入彀中矣。问：“何以入彀（中）？”盖彼一旦知进，我以退引之，彼不喻我为引法，正欲使之前进。吾以埋伏计，待人智力用尽，知难攻入，急思返退来不及矣。至此，彼手中不得式，足下无力，故吾不击则如击之。一回转，即可反守为攻之法。此即欲抑先伸，欲伸先屈之法也。夫岂有异术哉？此理犹寻常人皆知之，临事而忘之耳。

故然功夫要得熟成，虽然此中是一个缠丝劲，而不可不知五行生克无处不有、无时不生。然如两人交手，人以柔来属阴，阴来当以阳克之。属水，当以火克之。此当然之理式也。人所易知者，独自于拳则不然。运用全是经中寓权，权不离经。何言乎尔？彼以柔来，以柔劲听我，如何答应？而后乘机击我。吾若以刚迎之，则中其谋，愚莫甚也。问该如何应答。彼以柔法听我，吾即以柔法迎之。拳中有介，彼引我进。吾进只到吾界，不可再进，进则必失。如曰“不入虎穴，焉得虎子”，是大丈夫所为，非人皆能之。纵有勇敢之士，亦是设险，非善策哉。汉升有勇，孔明慎之，令子龙暗助，岂不险乎？勇中善谋，才有成就，岂可持勇大意、自满？非丈夫也，勇夫也！彼引我进，未出界即变为刚，是彼惧我变柔为刚，彼不如我也。吾当以柔克之。半途之中，生此变态，我仍然以柔引之，使落空者击之。为彼引吾至界，是时正宜窥之机式、形色，转换彼之迫力，如有机可乘，吾即以柔变刚击之，此之谓以刚克柔，以火克水。如彼引吾中途至界，未变其柔，交界之强支，亦宜击之。如无隙可乘，柔劲如故，是劲敌也。真对手不可久持，吾可退守吾门户。先以柔道听之者，至此仍以柔听之，渐转而退，以柔引之，使进。彼若不进，是智者也。彼如以吾引之而遽进，误以彼以我为怯，贸然或以柔来，或半途变刚，我得秤住其手，徐徐引之使进，且令其不得不进，进至不得势之时，彼之力尽矣，智穷矣，生机更促矣。是时吾之柔忽变为刚，并

心有权衡，则周身得其宜。

修炼必由道德中进行难矣。

尽矣，害窮矣，生機之絶矣。是勝者之柔，自天生為剛，亦不費其力，精其之矣，是敗者不知其果深入，其以取勝，然縮之
不及退，不敢進也，則有失。退不敢退，退則為敗，此五十年前我諸量皆空空，束手無策，附而已矣。有
何能為哉。吾人之欲全在於此，此之謂以柔克剛，以火克水，乃是五行生克之道也。天一生水，水外陰而內陽，外
柔而內剛，屬腎，以其柔退，如水之汲流旋轉，不先使其力用其智也。地二生火，火外陽而內陰，陰外剛而內柔，在人
屬心。水火有形無質，天三生木，地四生金，則形有質矣。天五生土，水火木金者，不相下害，以火煅木者，以火之質於水者言
之耳。
故以柔退，以柔為剛者，是水生木也。木陽質也，而水之陽性周流以成質者也。水於木本自一卑，故柔而剛，所以成
最易。以其形而質皆屬陽也。上言以火克水，蓋以火生土，土能生金。火外明而內暗，陰性也。金
之所成，假具也。木在人屬肝，金在人屬肺。天下能克木者，惟金，而火會陰類也。所言以剛克柔
者，是以火克水也，以金克木也，是以其外者言之。火性激烈，金質堅硬，心火一起，脾氣動也。
怒氣發洩於外，有聲可聽，金為之也。脾氣動則肝而腎，無不於之俱動。雖曰以剛克柔，
其原實是以柔克剛。蓋彼先柔而後剛，我是柔過剛，內文明而外柔順，故克之。若彼先以
剛來，則制之。又見易，易何為也？如人來擊我，其式甚猛，吾則不與硬抵，將膝一慎，卻步一旁，手落
彼面，腰誘過彼之鋒銳，直往前衝，不顧左右，且彼上前之氣力陡然轉之，慎不容易，吾則從旁去
之，以吾之順力，去彼之橫勁而無力，易乎不易？吾故曰克剛易，克柔者難。何謂
界限？凡八方等，勝土設官分職，以及動靜語默，各有介限，一蹈一失，言即過介。計
過介，即有人干涉矣。凡有如此，何況拳乎。如人之行一步，只可開二尺半，此勉強非
天然也。天然者，是經常不變。行路可開大約尺二三寸，手可與足扯齊，即是介限。大
約肐膊只展四五八分，內勁只用一半，腳步只尺餘，此則周身循環，周轉無不如意。蓋
動不越介，如將士在本介內，山川地理、河澤風俗，一一皆知，故進退攻守，綽然有地。一
出介，入他甲裏道處，小心防護，稍有不當，即明失敗之機，此君子思不出其界限也。

不费力，一转克之矣。是时彼岂不知孤单？深入难以取胜，然悔之不及。进不敢进，进则有失；退不敢退，退则失败。此如士卒疲乏，辎重皆空，束手无策，降服而已矣，有何能为哉？击人之妙，全在于此。此之谓以柔克刚，以火克水，仍是五行生克之道也。

天一生水，水外阴而内阳，外柔而内刚，属肾。以其柔，进如水之波流旋转，不先使其力，用其智也。地二生火，火外阳而内阴，火外刚而内柔，在人属心。水火有形无质。天三生木，地四生金，则有形有质矣。天五生土，水火势均者，不相下言，以火克水者，以火之多于水者言之耳。彼以柔进，忽变为刚者，是水生木也。木阳质也，即水之阳性，因滋以成质者也。水与木本自一串，故柔变刚，所以成最易。以其形与质，皆属阳也。上言以火克水，盖以火生土，土能生金。火外明而内暗，阴性也，金之所成质也。木，在人属肝。金，在人属肺。天下能克木者，惟金与火，皆阴类也。所言以刚克柔者，是以火克水也，以金克木也，是以其外者言之。火性激烈，金质坚硬，心火一起，脾气动也，怒气发泄于外，有声可听，金为之也。脾气动，则肝与肾无不于之俱动。虽曰以刚克柔，其原实是以柔克刚。盖彼先柔而后刚，我是柔遇刚，内文明而外柔顺，故而克之。若彼先以刚来，则制之又文见易，易何言之也？如人来击我，其势甚猛。吾则不与硬抵，将肱与身一顺，卸下一步，手落彼膀面，让过彼之锋锐。直往前冲，不顾左右，且彼上前之气力陡然转之，慎不容易。吾则从旁击之，以吾之顺力击彼之横而无力，易乎？不易。吾故曰：克刚易，克柔者难。

何谓界限？凡分茅胙土、设官分职，以及动静语默，各有界限。一逾一失言，即过界。及过界，即有人干涉矣。凡有如此，何况拳乎？如人之行一步，尽可开二尺半，此勉强，非天然也。天然者，是经常不变，行路可开大约尺二三寸，手可与足趾齐，即是界限。大约胳膊只展四五分，内劲只用一半，脚步只尺余。此则周身循环，周转无不如意。盖动不越界，如将士在本界内，山川、地理、河泽、风俗，一一皆知，故进退攻守，绰然有地。一出界，入他甲里，到处小心防护，稍有不密，即

打拳故為保身之計、打之時、如對有人、直步愈快、恐然後放人開爭之事、不可犯也、故前
半套不言用法、多言規矩、至後半套方始痛快言之、以賜其用之法、故然能可知之、不可輕
試、如不為保身命之化育、否則在你成之成之、大約此拳是单人練之式、徒守空运、非有
人也、說醉練時無人如有人、用時有人如無人、自己用功、愈久愈好、愈好愈妙、並妙
至極点、至老景六七十歲後、你可回首計年月、是非絕擧用功、否則不論年月、只論
源漢用心、可明其氣、亦勁周旋、真能知覺、明礎、亦算功夫、有才根源、堅固而生、荣章、況
衛生保命之道、莫善於此、凡學先难而後得、用功不徒收果、文武無尽、處愈高愈难、愈極
如愚思乎收护、無念吾專心致志之功、金針已度、學勉旃也、此 争步要快 如兩人交手、必
上游之心、彼此揣到十分地位、只有一個胜字、只在呈血氣動周旋、善於不和而定之、不能拖一而
論、責在發機速也、遲處者、雖高才捷足者先得之、得式出奇、全在轉関、本式手將起之時、从先
使手如何能承上式之意、亦氣不合、割断脉、承接之後、得機式轉、須自然、灵动不可
忽也。内勁。皆是摇擦衣、单鞭夹继中、行發在心一念、發於骨肋、皮膚、肌肉之力、单鞭上
式既合、此式再合開而合之、自始至終、总是開合、内外而已矣、右手裹轉斜展、左手由肋下去
倒轉合住、於右手相应、指肚用勁、上下皆合、左足收至右足边、上往、足各随左右手运行、从外
形營由内中發、故曰内勁、合畢、左手先繞一小圈、由右往左伸去、右手由下往上、倒往右開、肘尖向
在上、左手順經、右手逆經、左足亦繞一小圈、往左開、實踏。左足往裏鉤、凡是运动、皆是陰陽二氣、
人得天地之灵氣以生人、亦秉陰陽之灵、以一身之展轉開合不已、故吾一身之运行、同天
地之运行也。人之运行者、官骸之运行、太極之理、惟以理宰乎氣、故运行或高或低或反或正、
並且忽迟、忽速、忽隐、忽現、忽大開大合、思即行、即止、無非是圓灵氣、呈示一色景象、
真如燕猿、灵活化機之形、善觀拳者、不以手足鼓舞跳跃為然、先學者、必先研其理、理明、則氣
自生、活潑、非氣也、實理中之動灵活、知此而後、可以言内勁、如次第亦即前進、日日去求、非自己通

萌失败之机。此君子思不出其位之谓也（与今合否）。

打拳故为保身之计。打之时，如对有人，进步愈快，恐然后启人斗争之事，不可犯也。故前半套，不言用法，多言规矩。至后半套，方始痛快言之，以赐其用之法，故然能可知之，不可轻试。如不为保生命之化育，否则在你戒之，戒之。大约此拳是单人练之式，徒手空运，非有人也。说辞“练时无人如有人，用时有人如无人”。自己用功，愈久愈好，愈好愈妙，妙至极点，至老景六七十岁后，你可回首，计年月是非纯粹用功。否则不论年月，只论流汗用心，可明其气与劲周旋，真能知觉明确，亦算功夫。有言“根深固而叶生荣”。幸况卫生保命之道，莫善于此。凡学，先难而后得，用功不徒收果。文武无尽处，愈高愈难愈极，如愚思乎？收护无念，吾专心致志之功，金针已度学勉旃（比也）。争步要快，如两人交手，必怀上游之心。彼此挤到十分地位，只有一个“胜”字，只在至血、气、劲周旋，善于不和而定之，不能执一而论，贵在发机速也。逐鹿者，惟高才捷足者先得之。得式出奇，全在转关。本式手将起之时，必先使手如何能承上式之意，与气不合，割断血脉。承接之后，得机式转关，自然灵动，不可忽也。

内劲

此是揽扎衣。单鞭夹缝中行，发在心一念。发于骨、筋、皮肤、肌肉之内。单鞭上式既合，此式再令开而合之。自始至终，总是开合内外而已矣。右手外往里转，斜展，左手由肋下去，倒转合住，与右手相应，指肚用劲。上下皆合。左足收至右足边，点住，足各随左右手运行。凡外形，皆由内中发，故曰内劲。合毕，左手先绕一小圈，由右往左伸去。右手由下往上微前倒，往右开与肩平，肘尖向上。左手顺缠，右手逆缠。左足亦绕一小圈，往左开去，实踏，右足往里钩。凡是运动，皆是阴阳二气。人得天地之灵气以生，人亦凭阴阳之灵，以一身之展转开合不已。故吾一身之运行，同天地之运行也。人之运行者，官骸之运行。太极之理，惟以理宰乎气，故运行或高、或低，或反、或正，并且忽迟、忽速，

心有权衡，则周身得其宜。

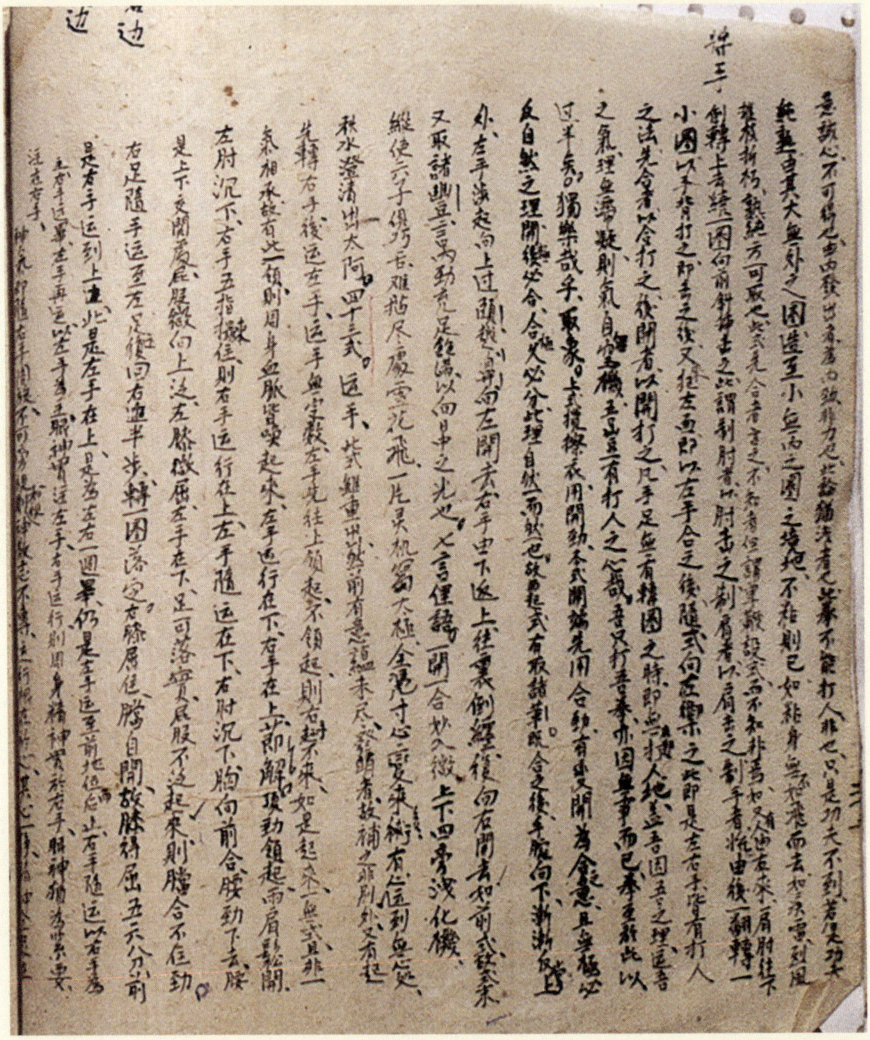

忽隐、忽现，忽大开大合，忽即行即止，无非是团灵气，呈与一色景象，真如燕猿灵活化机之形。善观拳者，不以手足鼓舞跳跃为然。先学者，必先研其理。理明，则气自生动活泼，非气也，实理中生动灵活。知此而后可以言内劲。如次第节节前进，日日去求，非自己留意诚心不可得也。由内发出者，为内劲，非力也。此论犹浅者也。此拳不能打人？非也！只是功夫不到。若是功夫纯熟，由其大无外之圈造至小无内之圈之境地。不粘则已，如粘身，无不如飞而去，如疾雷、烈风，摧枝折朽，熟纯方可取也。此式先合者言之，不知者但谓单鞭设式，而不知非焉。如又有人由右来，肩肘往下将手倒转上去绕一圈，向前斜插击之。此谓制肘者，以肘击之。制肩者，以肩击之。制手者，将由后一翻转一小圈，以手背打之。及击之后又来犯左面，即以左手合之后，随式向左御之。此即是左右手皆有打人之法。先合者，以合打之。后开者，以开打之。凡手足无有转圈之时，即无在非打人地。盖吾因吾之理，运吾之气。理无滞凝，则气自无空机。吾岂有打人之心哉？吾只打吾拳，亦因无事而已。拳至于此，已过半矣，独乐哉乎？

取象

上式揽扎衣，用开劲。本式开端先用合劲，有变开为合之意，且物极必反，自然之理。开极后必合，合极久必分，此理自然而然也。故与起式有取诸革。既合之后，手腕向下，渐渐反掌上外。左手涉起，向上过颐越鼻，向左开去。右手由下返上，往里倒缠，复向右开去，如前式。故式末又取诸丰，言内劲充足饱满，以向日中之光也。

七言俚语

一开一合妙入微，上下四旁泄化机。

纵使六子俱巧舌，难描尽处雪花飞。

一片灵机写太极，全凭寸心变来多。

有心运到无心处，秋水澄清出太阿。

第四十三式　运手

此式虽重出，然前有意蕴未尽，发萌者，故补之非别外。又有起先转右手，后运左手。运手无定数。左手先往上领起，不领起，则右手起不来。如是起来，一无式，且非一气相承。故有此一领，则周身血脉皆唤起来。左手运行在下，右手在上。

节解

顶劲领起。两肩松开，左肘沉下。右手五指束住，则右手运行在上，左手随运在下。右肘沉下。胸向前合。腰劲下去，腰是上下交关处。屁股微向上泛。左膝微屈。左手在下。足可落实。屁股不泛起来，则裆合不住劲。右足随手运至左足下，复回右边半步，转一圈落定。右膝屈住，裆自开，故膝得屈五六分。前是右手运到上边，此是左手在上，是为左右一周毕，仍是左手运至前地位而后止。右手随运，以右手为主。右手运毕，左手再运，以左手为主，眼神贯注左手。右手运行，则周身精神贯于右手。眼神尤为紧要，注在右手。神气即随右手周旋，不可旁视。如视则神散志不专。运行根在于心，其心一静，精神全聚在眼目。眼为传心之官，故眼不旁视，心不二用。（图 57、图 58）

引蒙

问：运手由何处起端？曰：以左手指起，运以右手为先。左手既领动，右手则与肱平者，由上往下顺转至膝外，上行，由脐过心口，经鼻，越右额与肩，往右转至原位，是为一圈。肘沉下，压肩，右足随手亦是顺转。手到膝外，（右）足起随至左足边，复向右开去半步落下，是谓开步。无意中上行之际，则左手由下上行，亦是顺转。右手运至原位，则左手下行至膝矣。待右手运至膝外时，则左手与右手一齐运。左手由膝往上，过脐，经心口、鼻、左额，往左转至原初起地位，是一圈。左足行往右足边，复向左开去一步，用顺转。手转至原位，则左右各至一

图 57 右运手

图 58 左运手

修炼心由道德中进行难关。

眼目眼為傳心之官，故眼不旁視，心不二用，引蒙。問：運手由何處起端？曰：以左手起運，以右手為先。左手既領動，右手則與肱平，看由上往下順轉至膝外，上行由膝過心口，運鼻越右額，至肩，往右轉至原位，是為一圈。肘沉下，壓肩，右足隨手一是順轉，手到膝外，足起隨至左足邊，復向開去半步落下，足踏開步。在意中上行之際，則左手由下上行，亦是順轉，右手運至原位，則左手下行至膝矣。待右手運至膝外時，則左手與右手一齊運，左手由膝往上過臍，運心口、鼻并左額，往左轉至原初起地位，是一圈。左足行往右足邊，復向左開去，一膝順轉，手轉至原位，則左右各至一圈畢，機不停流，而手於而後始更迭運去，循環不已，如日月之代明。運行之主宰何也？曰：主宰全在於心，心欲東迷而行，而手足皆隨其意。心由內發，千變萬化，外形即誠其式也。不然，多生一雜氣，官骸不得從乎心也。問：打拳關鍵在何處？曰：在百會穴下，自腦後大椎通長強，其動處在任督二脈。其動在何處？曰：在轉子，心一動，轉即傳令，或寡。

或曰：拳之大概，心自開合矣，而拳要不出神情，何也？曰：此在素日去其欲速之心，如孟子所言，必有事也，而勿正心，勿忘，勿助長也。臨場先去輕浮、氣張之氣，清心寡慾，平心靜氣，蓄蓄循規蹈矩，積久致熟，然後此中層累曲折，歷盡苦難，苦盡甘來，機趣頓生，津津洋洋，不可遏。心中有情有景，自然打出精神矣。要至此，皆是人分所能為者，亦非無心成化，全在心之含養，日久優游，以題其志，自得矣。孟子曰：吾善養吾浩然之氣，斯言成不誣矣。問者唯唯而退，吾因原筆而記之也。中運手於前後兩運手相對應，則是上中下三節，都是一理貫通。取象人心屬火，火無長行，附於手足之運行，而後火之明見，如易之麗乎。離者，麗也，明也。而左右手運行如日月之麗乎天，相代而明以氣運也。而足運行於下，如百谷草木麗乎地，相謝以形麗，形重明以麗乎正，上下手足中道，而運轉不已也。人心祖欲淨盡，理障一空，故其體常明，既明無不照，顧來則照，乎左右來則顧左右，不能欺，明則靈，則足以應萬事。故左有人來則左去，右有人來則右去，有備無患，象乎離。故取諸離中運手。五言俚語。

[illegible]出水中天。七言俚語：一往來運一周，上下氣機不停流，只有太極皆如此。

周毕。机不停留，两手终而复始，更迭运去，循环不已。如日月之代明，运行之主宰。何也？曰：主宰全在于心，心欲更迭而行，两手足皆随其意。心由内发，千变万化，外形即诚其式也。不然多生痹累，官骸不得从乎心也。问：打拳关键在何处？曰：在百会穴下，自脑后大椎，通长强，其动处在任督二脉。其劲在何处？曰：在眸子。心一动，眸即传令，（莫之）或爽。或曰，拳之大概，皆闻命矣，而要拳不出神情，何也？曰：此在素日去其欲速之心。如孟子所言，必有事也，而无正心，何能无忘？无助长也。临场先去轻浮、慌张之气，清心寡欲，平心静气，着着循规蹈矩，积久成熟。然后此中层垒累曲折，历尽苦难，苦尽甘来，机趣横生，浡浡不可遏。心中有情有景，自然打出精神矣。要至此，皆是人力所能为者。只于无心成化，全在心之涵养，日久优游以得，其志自得矣。孟子曰："吾善（养）吾浩然之气。"斯言诚不诬矣。问者唯唯而退。吾因援笔而记之也。中运手与前后两运手相呼应，划是上中下三界，却是一理贯通。

取象

人心属火，火无长行，附于手足之运行，而后心火之明，见如《易》之丽卦。离者，丽也，明也。左右两手运行如日月之丽乎？天相代而明，以气运也。两足运行于下，如百谷草木丽乎？地相谢以形，丽形重明，以丽乎正，上下手足，中道而运转不已也。人心惟私欲净尽，理障一空，故其体常明。既明无不照顾，来则照顾左右，人不能欺。明则灵，灵则足以应万事。故左有人来，则左击；右有人来，则挡右。有备无患，象乎离，故取诸离，中运手。

五言俚语

两手运中间，左右如循环。

虽借有此物，画出水中天。

何須身外往營求。中庸言，道不遠人。孟子曰，萬物皆備於我。反求諸己而已矣矣。四十四式擺腳。

何謂擺腳，右腿抬起與髖平，橫而往北以足擊人，

但，手在右肋，腕向下，兩手由北往南橫打右足，右足

如對敵，兩手摔蕩過去，頂勁領起，眼看左

左膝伸而肩平，兩腕向下，腰掛下去，右腿前

發散，周身以左腿為主，兩手平迄，由右往左，左膝

似落未落時，膝微屈，有不落之機，擺腳至此為示，

在此夾縫中，手足宜知之，何回迄手將蘇，在足暮機

左手由左往右先繞一小圈，往上至右肩平，屈往胸，

往右伸，左膝伸平，右手停往，兩手由左引來之精

而向左看，左手擊之也，右足本在右，西而往左迄

右擊之不引，向左者，因直出無力，故先左而迄往

起在上，向左擺而擊之，則回脈只剩左腿在下，知然

盤石之安，金湯之固，大而雜亦而攻之不可推

固。屈股微向下坐，左膝火屈，頂勁領好胸

全體存在，無從偏重，則足自然能穩。

四十五式跌岔　何謂跌岔，身由空中跌下，兩腿

右腿屈往膝平在前，足平側在後，兩腿著

一蹬，右膝外一開，足一翻，頂勁領起，周身向上㮣

易，故用之，亦能制勝，且今之拳術比從

三十八

必使右膝伸開，左膝屈

由地往南迄兩手至中間

足，耳聽身後，左膝平屈，

膝平微屈，左腿微屈，不可

伸開，右膝微屈，右足與膝平，

引蒙，但右迄手下，擺擺腳，

與右二三分為下式，當用右手領

左手隨右斷精一小圈，再精

而向右看，以右手擊之，之後

者是引勁，實不向迄而向

右擊者力，兩手左右橫擊右膝精

皆易知，長子主義從如

繫不然失敗矣。問何以安

合住左足踏地知穩，上下

當自安固矣。

岔開，方為跌岔，左腿伸開，

地，此為單岔，只用左足根

起，凡即落，隨起，較之稍

知此，耳聽後面，右膝展開，

修炼必由道德中进行难关。

七言俚语

一往一来运一周，上下气机不停流。

只有太极皆如此，何须身外往营求。

《中庸》言：“道不远人。”孟子曰：“万物皆备于我矣。”“反求诸己而已矣。”

第四十四式　摆脚

节解

何谓摆脚？右腿抬起与眼平，横而往北，以足击人。必使右肱伸开，左肱屈住。手在右肋，腕向下。两手由北往南横打右足，右足由南往北迎两手。至中间如对敌，两手摩荡错过去。顶劲领起。眼看左足。耳听身后。左肱平屈，右肱伸与肩平。两腕向下。腰劲下去。右腿与膝平，稍屈。左腿微屈，不可发软，周身以左腿为主。两手平运，由右往左，左肱伸开，右肱微屈。右足与腿根平，似落未落时，膝微屈，有下落之机。摆脚至此为界。（图 59）

引蒙

但在运手下接摆脚，在此夹缝中，平足宜如之何？曰：运手将终，左足略移于右二三分，为下式留用。右手领左手，由左往右先绕一小圈，往上至右肩平，屈住两肱。左手随右手转一小圈，再转往右伸去。左肱伸平，向右停住。两手由左引来也，转而向右者，以右手击之也。复而向左者，左手击之也。右足本在右面而往左运者，是引劲。实不向返而向右击之。不引向左者，因直出无力，故先左而返往右击之，有力。两手左右横击，右腿抬起在上，向右摆而击之，则四肢只剩左腿在下矣。然此及易知，长子主器，必使如磐石之安，金汤之固，夫而后环而攻之，

图 59 摆脚

不可摇撼，不然失败矣。问：何以安固？曰：屁股微向下坐，左膝稍屈，顶劲领好，胸合住，左足踏地如桥，上下全体秤住，无使偏重，则足自然站稳，当自安固矣。

第四十五式　跌岔

节解

何谓跌岔？身由空中跌下去，两腿岔开，方为跌岔。左腿伸开，右腿屈住，膝平在前，足平侧在后，两腿着地，此为单岔。只用左足跟一蹬，右膝向外一开，足一翻，顶劲领起，周身向上齐起。凡即落随起，较之稍易，故用之，亦能制胜。且今之拳术，皆从如此。耳听后面，右肱展开，手欲有上前之意。顶劲不可不领。眼看左手。左足、左手等右足下去，同左腿一齐展开，以次前进。左腿平落地，展足，足用力蹬臁骨，膝不屈。周身腰领住气。胸往前合住。裆实中虚。（图 60）

图 60 跌岔

引蒙

跌岔与二起回顾相应。二起由下跃至半空，此式由半空降下，两腿着地。天然照应，不假牵合。此古人造拳法律，文惟严如此。当摆脚毕，屈右肱，左肱伸，顺腿前进，向西南推去，始用指力，继用掌力。右手在后虽伸，却有上前之意，特此式未呈耳。跌岔界至此。

内劲

本式以左足前蹬去为主，其如蹬敌也。故足跟用力，左手推去是助足也。

第四十六式　锦鸡独立

独立式，如鸡一只腿踏地，形是独立，一只腿平翘起。此式回应右摆脚。

式用不一而为之。

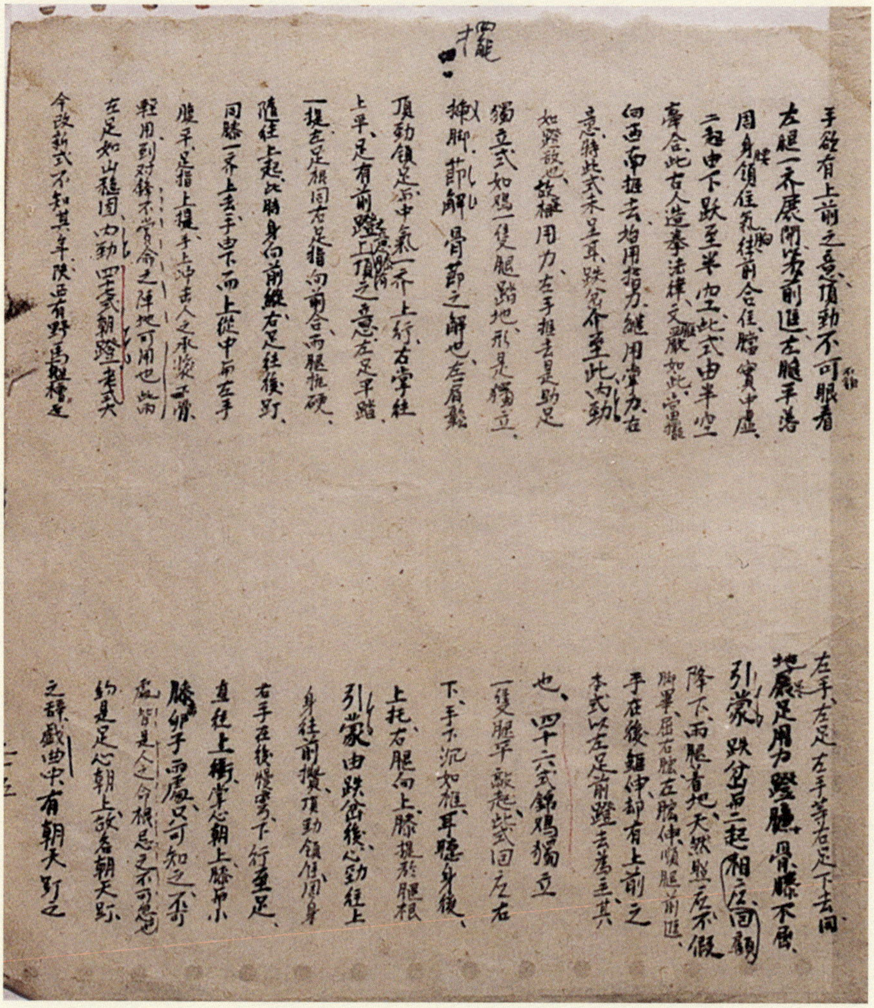

手啟有上前之意、頂勁不可眼看
左腿一齊展開、另前進、左腿平落
周身（腰）領住氣（胸）往前合住、襠實中虛、
二起由下跃至半空、此式由半空
虛合、此古人造拳法律、又嚴如此、當從
向西南擦去、始用指力、繼用掌力、在
意、特此式未足耳、跌岔亦至此、內勁
如蹬敌也、故掃用力、左手擦去是助足
獨立式如鷄一隻腿踏地、形是獨立、
揪、脚、節、解、骨節之解也、左肩鬆
頂勁領足、示中氣一齊上行、右掌往
上平、足有前蹬上頂之意、左足平踏
一提左足根同右足指向前合、兩腿挺硬、
隨往上起、此時身向前縱、右足往後踢、
同膝一齊上去、手由下而上、從中而左手
腿平、足指上提、手上沖击人之承漿、下骨、
輕用到對錦不堂命之陣地可用也、此兩
左足如山穩固、內勁、四十式朝蹬、老式天
今改新式不知其年、陝西有野馬跳槽之

左手、左足 左手等右足下去同
地展足用力蹬腿、骨膝不屈、
引蒙 跌岔第二起相反回顧
降下、兩腿着地、天然盤屈不假
脚單、屈右膝、左膝伸、順腿前進、
手在後、雖伸卻有上前之
本式以左足前蹬去為主、其
也、四十六式錦鷄獨立
一隻腿平敲起、此式回應右
下、手不沉如框、耳聽身後、
上托、右腿向上、膝提於腿根
引蒙 由跌岔後、心勁往上
身往前攢、頂勁領住周身
右手在後慢慢下、下行垂足、
直往上衝、掌心朝上、膝下小
膝 卯手兩處只可知之、不可
處智是人之命根、忌之不可忘也
約是足心朝上、故名朝天蹬
之辞、戲曲中有朝天蹬之

节解

骨节之解也。左肩松下，手下沉如椎。耳听身后。顶劲领足，与中气一齐上行。右掌往上托。右腿向上，膝提与腿根上平，足有前蹬之意，膝有上顶之意。左足平踏。（图 61）

图 61 锦鸡独立

引蒙

由跌岔后，心劲往上一提，左足跟同右足趾向前合。两腿执硬，身往前攒。顶劲领住，周身随往上起。此时身向前纵，右足往后蹬。右手在后慢弯，下行至足，同（右）膝一齐上去。手由下而上，从中与左手直往上冲，掌心朝上。（右）膝与小腹平，足趾上提。（右）手上冲击人之承浆下骨，膝击卵子两处。只可知之，不可轻用。到对锋不赏命之阵地可用也。此两处皆是人之命根，忌之，不可忽也。左足如山稳固。

须观善变随时，灵活在眼。

内劲

（无正文）

第四十七式　朝天蹬

老式大约是足心朝上，故名朝天蹬。今改新式不知其年。陕西有“野马盘槽”之辞，戏曲中有朝天蹬之一式，其用不雅，故前人改之。用法不可执一而定之，都是各有其能。掌心向上，如独立式同样。如今朝天蹬，象形也。

节解

人之一身，以腰为中界。右手与膝气往下行，左手肱、膝气向上升，中以腰为分界。顶劲领起。左手心向上。含胸。膝往上顶。耳听身后。右肩松下，手下垂。膝微屈，足平踏如弓形。周身力全在右腿，载之身，故不可软。（图 62）

引蒙

右掌顶毕，劲由指运至手背，过右肩臂，直行至足踵、涌泉、大敦、隐白，气方行一周。此是劲行也，运法是心中运用之意也。自于右手大指过肩下行，由肘过肱至手，右指如锥下扎。右足落下，指向西北，踵先落，去右尺许。左手慢屈，由股而前上行，过腹、肋、肩前、耳，直向上冲，掌心向上。左足上提，膝与小肚平。

图 62 朝天蹬

第四十八式 倒卷红

节解

此退行法也，与前珍珠倒卷帘同。（图 63、图 64）

引蒙

此式是大铺身法。左手退行中第一难运之式，手由上行往下落，不错位置，足不落地即往后退，手足相连向后，左手在后，眼看左手。足向后退，趾先落地。右手在前，及往后连足退去，仍是趾先落地，手运至后，指微屈。眼看右手。更迭向后退，腿要伸开，形侧面。两手随往后搂，左手至后为止。

式用不一而为之。

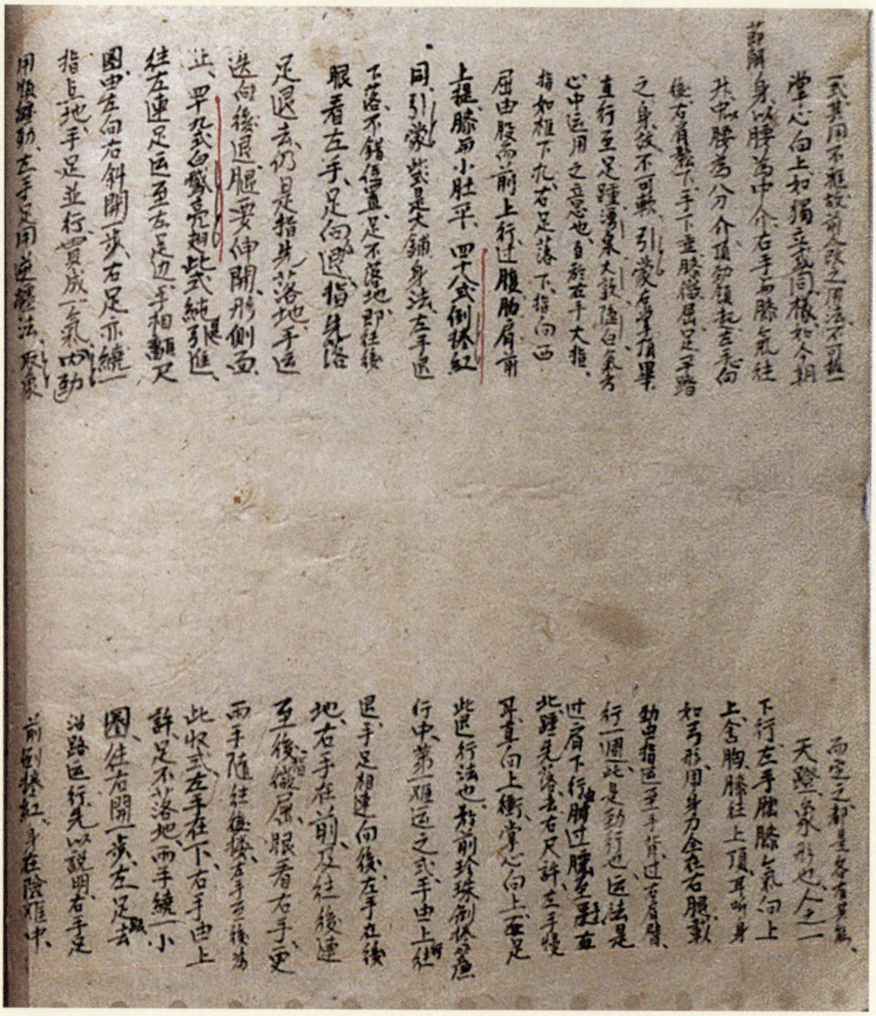

一式其用不雅故前人改之用法不可執一
節解
掌心向上和獨立式前後相照和今相
身以腰為中介右手與膝氣往
外和腰為分介頂勁領起去氣向
後右肩鬆下手下與膝端處足手略
之身欲不可歟引蒙右手頂畢
直行至足踵湧泉大敦隱白厲兌
心中運用之意也自顏右手大指
指如植下丸右足落下指向西
屈曲股而前上行過腹胸肩前
上提膝與小肚平 四十八式倒捲紅
同引蒙 此式是大鋪身法左手退
下落不錯位置足不落地即往後
眼看左手足向退指尖落
足退去仍是指尖落地手運
送向後退腿要伸開形側面
止 單鞭式白鵝亮翅此式純退進
往左運足運至左足邊手相顧足
圈由左向右斜開一步右足亦繞一
指點地手足並行貫成一氣而動
用腰領勁左手足用逆纏法 取象

而空之都是各有其氣
天盤象形也合之一
下行左手隨膝氣向上
上舍胸膝往上頂耳聽身
知其形用身力全在右腿截
勁由指運至手背過右肩背
行一週此是勁行也運法是
過肩下行腳過膝至點直
北踵先落去右尺許左手慢
耳直向上衝掌心向上右足
此退行法也形前珍珠倒捲簾
行中第一難運之式手由上衝往
退手足相連向後左手在後
地右手在前及往後連
至後縱展眼看右手更
兩手隨往後換右手在後為
此收式左手在下右手由上
許足不落地兩手繞一小
圈往右開一步左足去
沿路運行先以說明右手足
前倒捲紅身在陰雄中

图 63 倒卷红（一）

图 64 倒卷红（二）

须观善变随时，灵活在眼。

第四十九式　白鹅亮翅

节解

此式纯是引进，此收式。左手在下，右手由上往左，连（右）足运至左足边，手相离尺许，足不落地，两手绕一小圈，由左向右斜开一步，右足亦绕一圈，往右开一步，左足跟去，趾点地，手足并行，贯成一气。（图 65）

图 65　白鹅亮翅

内劲

沿路运行，先以说明，右手足用顺缠劲，左手足用逆缠法。

取象

前倒卷红，身在险难中，

此式排在难解难分出险之后，故取诸解。然解难非用进法不可。

七言俚语

其一

第三白鹅羽毛丰，左旋向右术最精。

其中含蓄无限意，总是引人落在空。

其二

一势更比一势难，此式回旋如转丸。

妙机本是从心发，敌人何能识龙蟠。

第五十式　搂膝拗步

节解

顶劲领起。眼看中指。耳听背后。两肩松开，两肘下沉。右手落前，左手在后。平心静气，无使横气填塞胸中。腰劲下去，裆劲撑开。左膝屈露盖，右腿伸中屈，左足往左开一步，右足向左钩，两足平踏。（图 66）

图 66 搂膝拗步

式用不一而为之。

此式精在退，解脫出險之後，故取諸解，難解非用退法不可。七言俚語：第三白鵞羽毛豐、

左旋向右術最精，其中含蓄無限意，總是引人落在空，其二勢更比前勢難，然迴旋如轉丸，妙機

本是從心發，敵人何能識龍蟠。第五十式摟膝拗步，節解：頂勁領起，眼看中指，耳聽身後，兩肩

鬆開，兩肘下沉，右手落前，左手在後，平心靜氣，無使後氣凝塞胸中，腰勁下去，襠勁撐開，左

膝屈露，右腿伸中屈，左足往左開一步，右足向左鈎，兩足平踏。引蒙：兩手由胸前平分下

去，皆用倒纏絲勁，兩手摟過膝，並往後轉一大圈，右手落胸前，左手繞後落在脊後，上

下一齊合住，左足往左開一大步平踏，氣歸丹田，皆用逆纏法合住，惟有左腿開去是順纏，而後

合。五十一式閃通背，於前皆回，節解：頂勁領住，眼平視，左手在後向上，腰彎下去，襠撐圓，右膝屈，足

平踏實，左足在後。引蒙：承上摟膝拗步，右足向前一步，手由右向左先繞一圈，然後轉至頂上，倒纏

手，大彎腰，身膀下去，襠撐圓，至足內踝骨，再設起，左手至額，合左足向前開一大步，左手隨足

由後向前，手與肩平，腕伸開，身往後轉過，足落左足之後，右手落到右足之後，左手落左足後，

身法全在於頂勁領住，襠勁下去，身法自然活動，兩肩鬆開，上下相隨。七言俚語：再將右手架前敵，

身後來摟身腰，豈知我腰忽又彎下，脊骨上扼人難逃。此是逐中選幾，則敵來不及知，看是粗式，其實

精妙無比。五十二式演手捶，節解。引蒙：第五演手捶，右手向前衝打，右足隨手往前落住，四方如人

摟右足再踢而退，而人相結合，如人相接，不上右足也。式用不一，而為之須視乎變，隨時靈活在眼，

也勁閃通背，身順轉過去，右手足在後用倒纏勁，從後倒轉一大圈，向前合住，去之用周身勁實於拳，

去敵有力取象，純是小過大轉，壯況第五演手捶言之矣，益人取諸震，以捶去敵之驚，遠震百里也，

七言俚語：舉身靈出塵埃，萬類皆驚為雷電，右手自下向前去，如同天上響雷隨。第五十三式擺摔式、

引蒙：右手起自左肋前，先繞一小圈，右足由右至左足站齊，然後一齊轉往右邊，右成式，右面順纏，左面逆

纏，七言俚語：獨伸右手似見龍，左手盤旋左面封，只言太極能轉動，一陰一陽護前胸。五十四式單鞭

引蒙

两手由胸前平分下去，皆用倒缠丝劲，两手搂过膝盖，往后转一大圈，右手落胸前，左手撮住指落在脊后，上下一齐合住。左足往左开一大步，平踏，气归丹田，皆用逆缠法合住，惟有左腿开去是顺缠，而后合。

第五十一式　闪通背

与前皆同。

节解

顶劲领住，眼平视，左手在后向上，腰弯下去，裆撑圆，右膝屈，足平踏实，左足在后。（图 67）

图 67 闪通背

须观善变随时，灵活在眼。

引蒙

承上。搂膝毕，右足向前一步。手由右向左先绕一圈，然后转至顶上，侧棱手，大弯腰劈裆下去，至足内股，再设起，手至囟会。左足向前开一大步，左手随足由后向前，手与肩平，肱伸开。身往后转过，（右）足落左足之后，右手落到右足之后，左手落左足之后。身法全在于顶劲领住，裆劲下去。身法自然活动，两肩松开，上下相随。

七言俚语

再将右手御前敌，身后有人来搂腰，

岂知我腰忽弯下，臀骨上挑人难逃。

此是速中速，缓则来不及矣。看是粗式，其实精妙无比。

第五十二式　演手捶

节解

图 68。

引蒙

第三演手捶，右手向前冲打，右足随手往前落住，手在西方。如人稍远，右足再跟而进，与人相结合。如人相接，不上右足，毕也。式用不一而为之，须观善变随时，灵活在眼。

内劲

闪通背，身顺转过去，右手足在后，用倒缠劲，从后倒转一大圈，向前合住击之，用周身劲贯于拳，击敌有力。

图 68 演手捶

取象

纯粹用小过大转状况，第三演手捶以言之矣，兹人取诸震，以捶击敌之惊，远震百里也。

七言俚语

一声霹雳出尘埃，万类皆惊为雷电。

右手目下向前击，如同天上响咃咃。

第五十三式 揽扎衣

节解

图 69。

图 69 揽扎衣

引蒙

右手起自左肋前，先绕一小圈。右足由右至左足站齐，然后一齐往右运去，成式。右半面顺缠，左面逆缠。

七言俚语

独身右手似见龙，左手盘旋左面封。

只言太极能转动，一阴一阳护前胸。

第五十四式 单鞭

式如前。（图 70）

图 70 单鞭

内劲

两手合时用倒缠劲合毕，左手由右肋上行顺转，同足往左开去一步，手与肩平。右足原位不动，足趾前钩。右手亦先绕一小圈，往右展去。讲义不能一一著明，练者留心细揣，有言“铁杵磨针”，真否自己领会。

第五十五式　运手

与云手不同呼应，此居其下，故谓下云手，如云之旋绕之意，随形取之，如螺鬟之象形也。

节解

打拳全在起式，一起得劲云去，以下无不得式如此。承上单鞭式。人由右来，必使右手御之。肩先卸下，卸时必得左手上领相助，右肩才下去。胸向前合。裆劲下去。左足实，右足虚，周身上下一齐运行。先运右手，足亦随其运，左手自然得机式之来脉真故也。即无敌人，徒手空运，亦觉得机式灵活。吾故谓周身各节自明，如何起落开合，沾路运用内中劲气顺否，细心研究，日长可知也，非是口笔应对而已。并非知式用不一而为之。

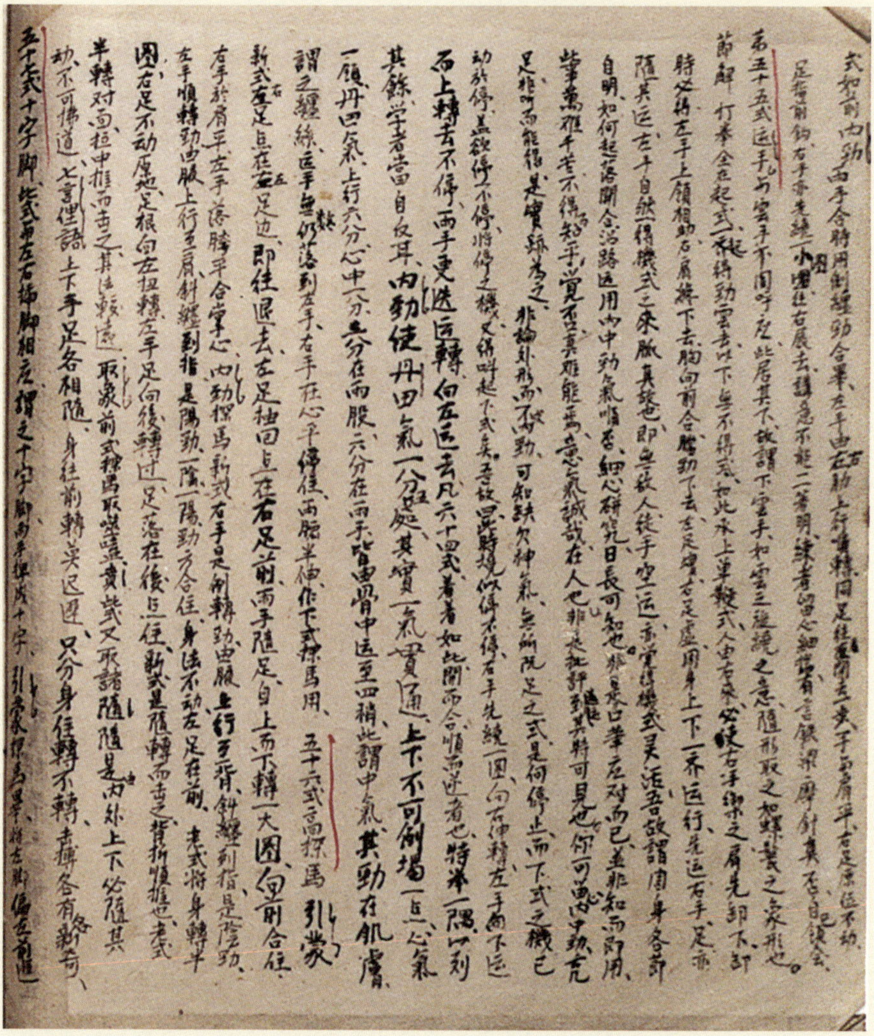

式如前內勁，兩手合時用倒纏勁合畢，左手由右肋上行貫精，同足往[illegible]開去一丈，手與肩平，右足原地不動。
足尖前勾，右手亦先繞一小圈，往右展去，謹慎意不離二者明，讀者留心細[illegible]有[illegible]，[illegible]自領会。
第五十五式運手 與雲手不同，此居其下，故謂下雲手，如雲三圈繞之意，隨形取之，如蝶[illegible]之象形也。
節解 打拳全在起式一承轉勁，雲者以下無不得式，如此承上單鞭式入由右承，必使右手[illegible]之，肩先卸，下卸
時必將左手上領，相助右肩將下去，胸向前合，腰勁下去，左足實右足虛，用身上下一齊運行，先運右手，足亦
隨其運，左手自然一得機式之來脈真蹤也，即無敵人徒手空運，亦當得機式，[illegible]吾故謂周身各節
自明，知何起落開合，沿路運用內中勁氣順否，細心研究，日長可知也。[illegible]拳左對而已，并非知而即用，
此等萬難千苦不得，知乎？覺不真，萬難能焉。意心氣誠，誠在人也。非[illegible]轉可見也，何可[illegible]中勁充
足非時而能得，是實練為之。非論外形，而內不[illegible]勁，可知缺欠神氣，無所見足之式，是何停止而下式之機已
動於停，意欲停而不停，將停之機，又得以起下式矣。吾故曰是時規似停不停，右手先繞一圈，向右伸轉，左手向下運
而上轉去不停，兩手更迭運轉，向左運去，凡六十四式著著如此，開而合，順而逆者也。特舉一隅，以列
其餘，学者當自反耳。內勁使丹田氣一分在足處，其實一氣貫通，上下不可倒塌，一點心氣
一領，丹田氣上行六分，心中一分，三分在兩股，六分在兩手，皆由骨中運至四梢，此謂中氣，其勁在肌膚。
謂之纏絲。運手無數，仍落到左手，右手在心，手停住，兩腕半伸，作下式探馬用。 五十六式高探馬 引蒙
新式右足點在左足邊，即往退去，左足抽回，點在右足前，兩手隨足自上而下轉一大圈，向前合住，
右手於肩平，左手落膝平合掌心，內勁探馬新式，右手右足倒轉勁，曲腕上行至背，斜纏到指，是陰勁。
左手順轉勁，由腕上行至肩，斜纏到指，是陽勁，一陰一陽，勁方合住，身法不動，左足在前。 老式將身轉半
圈，右足不動原地，足根向左扭轉，左手足向後轉過，足落在後點住，新式是隨轉而去之，背折順擰也。老式
半轉，對面捶中推而去之，其法較遠。取象前式探馬，取其[illegible]，此式又取諸隨，隨是內外上下必隨其
動，不可悖道。七言俚語：上下手足各相隨，身往前轉莫退避，只分身往轉不轉，去擰各有[illegible]奇。
五十七式十字腳 此式與左右插腳相反，謂之十字腳，兩手擺成十字，引承探馬，單手將左腳偏在前邊。

而即用，此事万难千苦，不得而知乎、觉否，真难能焉。意气诚哉在人也，非是批评运到其时可见也。你可留心内中劲充足，非听而能得，是实迹为之，非论外形而不求内劲，可知缺欠神气。吾所阮足之式，是何停止，而下式之机已动于停，盖欲停不停，将停之机，又得叫起下式矣。吾故曰此时境似停不停，右手先绕一圈，向右伸转，左手向下运而上转去不停，两手更迭运转，向左运去。凡六十四式，着着如此，开而合、顺而逆者也，特举一隅，以列其余，学者当自反耳。（图 71、图 72）

内劲

使丹田气一分五处，其实一气贯通，上下不可倒塌一点。心气一领，丹田气，上行六分，心中一分，三分在两股。六分在两手，皆由骨中运至四梢，此谓中气。其劲在肌肤，谓之缠丝。运手无数，仍落到左手。右手在心平停住。两肱半伸，作下式探马用。

图 71 右运手

图 72 左运手

第五十六式　高探马

节解

图 73。

引蒙

新式，右足点在左足边，即往退去，左足抽回，点在右足前。两手随足，自上而下转一大圈，向前合住，右手与肩平，左手落胯，平合掌心。

内劲

探马新式。右手是倒转劲，由腋上行至背，斜缠到指，是阴劲。左手顺转劲，由腋上行至肩，斜缠到指，是阳劲。一阴一阳，劲方合住。身法不动，左足在前。老式将身转半圈，右足不动原地，足跟向左扭转，

图 73 高探马

左手足向后转过，足落在后，点住。新式是随转而击之，背折顺推也。老式半转对面，拉中推而击之，其法较远。

取象

前式探马取噬嗑，贲，此式又取诸随，随是由内外上下必随其动，不可拂道。

七言俚语

上下手足各相随，身往前转莫迟迟，

只分身住转不转，击搏各有各新奇。

须观善变随时，灵活在眼。

式用不一而为之。

一步，左手搁腿放到右肋，右腿屈放到左腿上面，
之往右，左手由右往左横运，打右足指，手往左
右之敌也，是横摧去，左手右足皆不打，或是反旅，
也，向前一合，愈快愈妙，打迎以肩击敌之胸，此是
两手，以肩击之，我制人之两手，用外背靠打之，更
左右缠丝劲伸展向外去，背由腹缠至指肚，
肚，倒缠至腹，周身之劲向外发者，背由丹田而
皆见太和元气也。第五十八式指裆捶 而
顶劲领住，眼视敌人裆上胸前，合右手在后
指拳向裆里击之，节节解 引蒙十字，右足
过，不落地，提起，向后转过身，面向东，
向前斜开一步，右足落在左足根，两
易，左手由膝搂过，在后指拳，右指背
面前落下，由肋往后，自上而下，倒转一
地坐在小肚，可以屈胜，不可稍轻用，内劲右足
左足踵扭转，然后由右足之力屈腿下坐，膝而
右膝外展，如初月，然后左足根扭转，能合
规之意，易转也，左膝屈住，不然右足摇晃
下，左足向前斜开一步，手搂过膝，倒缠丝劲，
倒缠劲斜缠至腹，手向上转过，后由腹
拳头捶背，向上合劲，落住，五十九式青龙出水，连步缠后式相应，前式右手顺缠，左手倒缠出缠丝劲

然后右脚往左向右摆，
击左之敌也，右足再右击，
或外靠，或右足尖落
十字脚之妙用也，人制我
觉得式爽快，凡是
往里收束，引进皆由指
发，然则皆由心之所处处
独立，朝天蹬，二起，三式相应，
伸屈皆可，不宜太大，右手
在前，偏左开步，待右足摆
左足扭转过去，左足
足，奔身果顾，不容
可，右足落下，手即从后向前
因由腰向过，向下击去，
落地是跌脚，周身下垂，
胯高转动，得劲相宜，
劲，收利过去，形如圆
必立不稳，固右足摔
缠至指肚，待右足踏，手用
斜缠至指，用身精在

第五十七式　十字脚

节解

此式与左右插脚相应，谓之十字脚，两手捭成十字。（图 74）

引蒙

探马毕，将左脚偏左前进一步，左手拦腹放到右肋，右肱屈，放到左肱上面，然后右脚往左，向右横摆之往右，左手由右往左横运，打右足之趾，手往左击左之敌也。右足至右击右之敌也，是横摆去，左手右足皆不得式打，或里靠，或外靠，或右足先落地，向前一合，愈快愈妙。非打也，运也，以肩击敌之胸，此是十字脚之妙用也。人制我两手，以肩击之；我制人之两手，用外靠打之，更觉得式爽快。凡是左右缠丝劲伸展向外去，皆由腋缠至指肚，往里收束引进，皆由指肚斜缠至腋。周身之劲向外发者，皆由丹田而发，然则皆由心之所，处处皆见太和元气也。

图 74 十字脚

须观善变随时，灵活在眼。

第五十八式　指裆捶

与独立、朝天蹬、二起三式相应。顶劲领住，眼视敌人裆上，胸前合。左手在后，伸屈皆可，不宜掌。右手捋拳，向肾囊击之。

节解

图 75。

引蒙

十字脚，左足在前，偏左开步，待右足摆过不落地，提起向后转过身，面向东。左足扭转过去，左足向前斜开一步，右足落在左足跟，两足夺巢，颇不容易。左手由膝搂过，在后捋拳，撮指皆可。右足落下，手即从后向面前落下，由肋往后自上而下倒转一圈，由眼角过，向下击去，地址在人小肚。可以取胜，不可轻用。

图 75　指裆捶

内劲

右足落地是跺脚，周身下垂。左足踵扭转，必由右足之力，屁股下坐，膝与胯高，转动得劲相宜，右膝往外一拨，如初月，然后左足跟扭转，能合劲顺利过去，形如圆规之意，易转也。左膝屈住，不然右足摆时必立不稳固。右足降下，左足向前斜开一步。手搂过膝，倒缠丝劲，缠至指肚，待右足落时，手用倒缠劲斜缠至腋，手向上转过，劲复由腋斜缠至指，周身精聚在拳头，捶背向上，合劲落住。

第五十九式　青龙出水

进步如攛梭式相应，前式右手顺转，左手倒转，与攛梭劲气相同，身法不转，即停住，与七式、九式收法相应。两手劲皆同前式，但两手由远处收回，此式由原地收回，引发而纵出去，一收一放，遥遥相应。

节解

顶劲领住。右拳落在右肋，左肱伸展。两肩松下。胸往前合。眼看右手，肱微屈。两足向前飞跃前进纵去。当中会阴、长强顶劲提起，合而前纵，如灵猫扑鼠，纯是精神轻灵活泼，周身一制而合之，跃则有力，成式将拳变掌，跃时全在顶劲，与右拳领之，周身相随之妙也。指裆捶毕，下紧接青龙出水。两式夹缝中，先将右肩松下，周身随之下去，顶劲上领，足起有力，随往前纵跃飞前去。右手捋拳领去，欲前击，先往后收，从后泛上，即向前进，绕一大圈，以拳领动周身，足用力蹬地，飞腾而去。足落地，右手与肩平，左手落乳前。（图 76）

内劲

右手、身皆顺转，手顺缠丝劲，由腋斜缠至指，足亦是由腿根斜缠至指肚，足落如桥，复由足跟上行，斜缠至腿根，过扶边、相会，过附分，

……相同，身法不精即停住，与五十九式收法
两手由前收回，此式由此出，其余与此式同。
顶劲领住，右拳落在右肋，左肱伸展，
眼看右手，肱屈，两足向前飞跃
阴长强项劲合，而前蹬，如雷在鼓
灵活，发周身一刹而合之，跃则有力，
在顶劲，与右拳领之，周身相随之妙也，指
水，而式变绕中，先将右肩松下，周身随之
往前蹬，跃飞前去，右手扬拳领去，随前
前进，绕一大圈，以拳领动周身，足用力踢起。
肩平，左手落乳前，内劲，右手身背顺转，
指，足亦是由腿根斜缠至指肚，足落如桥，
过肤边，相合，过阴分，行至腕，斜绕至指肚，
转圈前进之本领在心发，心动领周身往
右足用跃法，足掌用力后踢，未发以前，周身
其气意纵之时，纯曲后而直扑去，右手由
翻之形，若鹰捉兔之式，精其志，专守其
意，妙得其自然，不可过，不可不及，最好
第六十一式于前同，两手合时用是缠丝劲，由肩头
向上，先绕一圈，徐徐向上，左行伸开手指来
足指，逆行斜缠至腿根，以后全足随手亮

相应，两手领合用前劲
一来一领，迎追相应，两腿
两肩松下，肋往前合，
前进缠去，当中会
撒气纯是精神注
成式，指拳走掌，跌踢合
临空挈下，荣若青龙出
下去，顶劲上领，足起有力
由先往后收，从后往上，即向
飞腾而去，足落地，右手平
手，顺缠丝劲由腕斜缠至
往由足根上行，斜缠至腿根。
手足用倒转法，随往右面
起，丹田气穿行偏于右，来向足，
纯是蓄劲，聚精会神会结
前落时，式两手如鹞子扑鹌鹑
神，观其进速，其气势其
跌跳报。 五十九式单鞭。
斜缠至指肚，然后由下而
往西，足合往东，是倒缠劲由
缠一小圈，向左开一步，其劲

往由腿根斜缠，由内往外至足指，式成，左手合于右手，手亦领劲……身合……

分行至腋，斜缠至指肚。左手足用倒转法，随住右面，转圈前进之本领在心发。心劲一领，周身提起，丹田气发行，偏于右身。两足右足用跃法，足掌用力后蹬。未发以前，周身纯是蓄劲，聚精盈神，会结其气，意欲纵之时，纯屈后而直扑去。右手向前落时，式两手如鹞子扑鹌鹑之形，苍鹰捉兔之式，持其志，专守其神，凝其进，速其气，稳其意，必得其自然。不可过，不可不及，最好跃跳貌。

图 76 青龙出水

第六十式　单鞭

节解

式与前同。两手合时，用（的）是缠丝劲，由肩髃斜缠至指肚，然后由下而向上先绕一圈，徐徐向上左行伸开，五指束住。两足合住，全是倒缠劲，由足趾逆行斜缠至腿根。以后左足随手先绕一小圈，向左开一步，其劲复由腿根斜缠，由内往外至足趾。式成如八字形，大敦、仆参须踏实地。右足向前钩。周身合住，不令散涣。（图 77）

式用不一而为之。

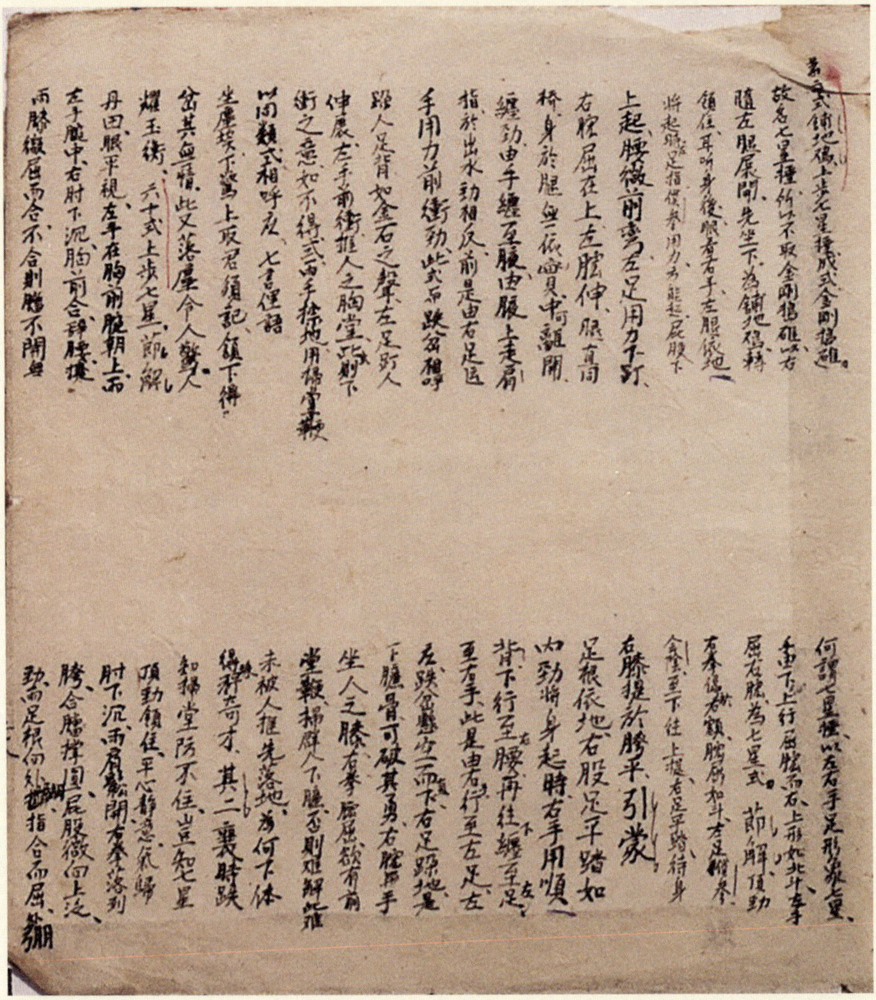
第五式鋪地錦上步七星攬成式金剛搗碓。
故名七星捶，所以不取金剛搗碓，以右
膝左腿展開，先坐下，為鋪地錦。精
領住，耳聽身後，眼看右手，左腿依地一
將起，將左足指促拳用力方能起，屁股下
上起，腰微前彎，左足用力下跻，
右胯屈在上，左肱伸，眼看同
橋，身於腿無依，實中可翻開，
纏勁由手纏至腹，由腹上走肩
指，於出水勁相反，前是由右足區
手用力前衝勁，此式亦跌岔相呼
踢人足背，如金石之聲，左足踢人
伸展，左手前衝推人之胸堂，此則下
衝之意，如不得式，兩手捺地，用掃堂藏
以前類式相呼應，七言俚語
坐塵埃下意上攻君須記，領下衝。
岔其無情，此又落塵令人驚人
耀玉衡。六十式上步七星，節解
丹田，眼平視，左手在胸前，腕朝上，而
左手腕中，右肘下沉，胸前合，辟腰擁
兩膝微屈而合，不合則膝不開無

何謂七星捶，以左右手足形象七星，
垂下上行，屈肱而右，上形如北斗季
屈右肱，為七星式。節解：頂勁
右本隨右鎖，胸脯如斗，右足將拳，
合陰，至下往上提，右足平踏，符身
右膝提於胯平，引蒙，
足根依地，右股足平踏如
如勁將身起時，右手用順一
背下行至腰，再往纏至足，左
至右手，此是由右行至左足，左
左跌岔地一而下，右足踩地，是
下膝骨可破其勇，右膝屈手
坐人之膝，右拳屈屈欲有前
堂藏，掃靡人下膝，否則難解，難
未被人推先落地，為何下体
錦新奇才，其二襄時跌
知掃堂防不住，豈知七星
頂勁領住，平心靜意氣歸
肘下沉，兩肩鬆開，右拳落到
胯，合膝撐圓，屁股微向上泛，
勁，而足根向外，[illegible]指合而屈，繃

图 77 单鞭

第六十一式 铺地鸡

上步七星捶成式金刚捣碓。

何谓七星捶？以左右手足形象七星，故名七星捶。所以不取金刚捣碓，以右手由下向上行，屈肱而右上形如北斗。左手随左腿展开，先坐下，为铺地鸡。转屈右肱，为七星式。

节解

顶劲领住，耳听身后，眼看右手。左腿依地，右拳停于右额，肱屈如斗。左足仆参，将起时，左足趾仆参用力方能起。屁股下会阴，自下往上提。右足平踏。待身上起，腰微前弯。左足用力下蹬，右膝提与胯平。（图 78）

引蒙

右肱屈，在上，左肱伸。（左）腿直，同足跟依地。右股足平踏如桥。身与腿无依实，中可离开。

图 78 铺地鸡

内劲

将身起时，右手用顺缠劲，由手缠至腋，由腋上走肩背，下行至右腰，再往下缠至左足趾。与出水劲相反。前是由右足运至右手，此是由右手行至左足，左手用力前冲劲。此式与跌岔相呼应。跌岔悬空而直下，右足跺地，是跺人足背，如金石之声。左足蹬人下臁骨，可破其勇。右肱与手伸展，左手前冲，推人之胸膛。此式则下坐人之膝。右拳肱屈，欲有前冲之意。如不得式，两手捺地用扫堂鞭，扫群人下臁，否则难解此难。以同类式相呼应。

七言俚语

其一

未被人推先落地，为何下体坐尘埃？

下惊上取君须记，颌下得珠称奇才。

其二

曩时跌岔其无情，此又落尘令人惊。

人知扫堂防不住，岂知七星耀玉衡。

第六十二式　上步七星

节解

顶劲领住。平心静意。气归丹田。眼平视。左手在胸前，腕朝上。两肘下沉，两肩松开。右拳落到左手腕中，右肘下沉。胸前合，辟腰，撩胯，合裆撑圆。屁股微向上泛。两膝微屈而合，不合则裆不开，无劲。两足跟向外绷。趾合而屈，外绷。（图 79）

图 79 上步七星

引蒙

左手前冲，往上先绕一圈，落胸前，手腕向上，指微屈。右手由后

须观善变随时，灵活在眼。

引蒙右手前衡往上先揉一圈落胸前、
上行转一大圈，拗拳落在左手腕中、
裏边，速左足稍齐提起、
膝上提，即落下去与右足并齐、
式相同，气归丹田，心气和平，得
七星拳预备式皆相同，前者取一本数
中庸始言天命中散为万事，终
能束真局、七言俚语 太极循环
知凡事皆根此，即有大可才言妙观、
功不用功，只要日久能无懈状理
乘拳，妙手无为不浑然，任他遇
无极非太极，无心化成如珠圆、
金又玄、总是此心归无极，炼成
息、从心所欲莫天、六十式下疾跨
在前左手在后，跨虎右手
式，步回收，步进，五束反对呼应、
屈膝，於头上搁，左手缘往在後、
下去，两膝上提，膝动脚圆，两膝
股蹶起、引蒙 两手由胸前分下
门上，左手倒转一圈，肘撑圆落胯
屈而合，左足退下、於右足隔尺余、
微仰、眼看中指内劲、此式身法下

手腕向上，指微屈，右手由后转前
往里一合，顶劲一领，左足膝往外
身除，右足往前进一步，先缓一圈、
内劲，身既起来，前三相搭
太和元气，太极原象，取象
为万缘，皆是万缘归於一本，如
言上天無声無臭意同。知此言
知弄丸而無虚，消化破潮关，豈
其二人人各俱太极拳，只着用
循环自然通。其三脚踢拳打下
皆是敌，此身一动悉难逃，救身
遣着何处起，何处去，吾亦不
傳家一环连，功夫到老仍不
与膝拗步相应，拗步右手
十三 上左手在下，拗步式宽，此
节解，顶劲领起，眼看右手，肘
耳听身後，胸向前合，腰劲
合住，脚根外扭，左足点地屁
去，右手向下转一圈上横鼻、颤颤
後左足向後退一步，右手踏膝
寛上往合，膝、小肚前合面
愈小愈好，然胯非大则身以下、

转前，上行，转一大圈，捋拳，落在左手腕中，往里一合，顶劲一领。右足、膝、仆参里边连左足跟用力，一齐提起身来。右足往前进步，先绕一圈，膝上提，及落下去，与左足并齐。

内劲

身既起来，与前三个捣式相同。气归丹田，心气和平，得太和元气，太极原象。

取象

七星捶与捣碓式皆相同。前者取一本散为万殊，此是万殊归于一本。如《中庸》始言天命、中散为万事、终言上天无声无臭意同，如此方能束其局。

七言俚语

其一

太极循环如弄丸，盈虚消化破澜关。
岂知凡事皆根此，哪有奇才玄妙观？

其二

人人各俱太极拳，只看用功不用功。
只要日久能无懈，妙理循环自然通。

其三

脚踢拳打下亦拳，妙手无处不浑然。
任他四围皆是敌，此身一动悉颠连。
我身无处非太极，无心化成如珠圆。
遇着何处何处击，吾亦不知玄又玄。
总是此心归无极，炼成佛家一朵莲。
功夫到老仍不息，从心所欲莫非天。

第六十三式　下步跨虎

与搂膝拗步相应。拗步右手在前，左手在后；跨虎右手在上，左手在下。拗步式宽，此式步回，收步进，面东反对呼应。

节解

顶劲领起。眼看右手，肘屈悬于头，上掤。左手撮住，在后。耳听身后。胸向前合，腰劲下去，两胯上提，裆劲开圆，两膝合住。脚跟外扭。左足点地，屁股撅起。（图 80）

图 80 下步跨虎

引蒙

两手由胸前分下去，右手向下转一圈，上横悬囟门上。左手倒转一圈，肘撑圆，落胯后。左足向前上一步，足平踏，膝屈而合。右足退下，与左足隔尺余宽，点住。合膝。小肚前合。面微仰，眼看中指。

内劲

此式身法下愈小愈好，然裆非大则身难下。右肱在向上，如有千斤重，压在顶上。两肘外方内圆，上下精神全用包含劲。上虚下实，仍然实处运之以虚。虚则灵，灵则物来则顺应无窒碍。

此式易犯有十弊。

右肱不可直，直则不能顾头颅。一也。

左手在后合不住劲，则呼应不能相顾。二也。

两足特近，则裆不能开。三也。

两足分宽人字，裆不弯，令身下去不爽。四也。

或硬往下滑足，顶劲不领，强使裆开。强则硬，硬则死煞，死煞则不灵，不灵则不活动，不活动则转动痴。五也。

顶劲虽知上领，两股未用缠丝劲，撑而合之，合而撑之。虽知开，不过裆差一点缝，不能斗口裆圆，安如泰山。六也。

一身精神全在于目，目之所注，即精神所聚处。右手上掤，左手合于后，两肱撑圆，才算一式。如糊糊涂涂，上下用其手，不用其心，用其心则神有所聚，如不用心，神无所聚，亦凝聚不住，失于散涣。七也。

腰劲下不去，气不能归丹田，则中极、会阴失于轻浮，因而胸中横气填塞饱满，脊背后陶道、身柱、灵台横气亦填塞充足，而前后胥滞涩也矣。盖不向前合失之仰。胸不合，则裆劲轻浮，足底不稳，上身亦不空灵。八也。

顶劲领过则上悬，领不起则倒塌，则不会下腰劲、裆劲，以致身不稳，不能自主。九也。

裆与腰劲皆下好，而屁股泛不起来，不惟前裆合不住，即上体亦扣合不住。合不住，则足底无力，外物皆能摧倒我。十也。

须观善变随时，灵活在眼。

式用不一而为之。

右肱上如有千斤重壓在頂上，兩肘外方
包含勁，上虛下實，仍然實處正之虛，
來則順應，無窒礙，此式易犯有十弊，右
能顧頭顱一也，左手在後合不住，勁則呼
特迫則胳不能開，三也，兩足分寬人字，
硬往下榻，足項勁不領，強使膝開強則硬，
然一定然則不靈，不靈則不活動，不活動，
知上領，兩股未用纏絲勁，撐而合
不過膝蓋一旦纏，不能斗口，膝圓安
在手目，目之所注，即精神所聚處，右手
撐圓，才算一式，如糊糊塗塗，上下用其手
神有所聚，如不用心，神無所聚，亦凝聚
腰勁下不去，氣不能歸丹田，則中極會陰
填塞飽滿，脊背後閃，道身往上[illegible]
逆也，其表面向前合，失之卸，胸不合，則膝勁輕
空靈八也，頂勁領過則上懸，領不起則俯塌
以制身不穩，自主九也，膝與腰勁皆下[illegible]
膝不住，即上體亦抑合不住，合不住則足底

不能

六十三式擺腳　向前轉半身，擺腳與前攔腳相
彷彿，式不同，中間一樣，節解頂勁
泥肘、壓肩、左手落右乳旁，意形外撐、右手在後與肩平，撐微屈。

內圓，上下精神全用
處則靈，靈則物
膝不可直，直則不
應，不能相顧，二也，兩足
膝不下[illegible]不下去不爽，四也，或
[illegible]則硬，硬則死
則轉動凝，五也，頂勁難
之合，兩撐之雖知開，
如太山之近，一身精神全
上掤，左手合於後，而肱
不用其心，用其心則
不住，失於散漫，七也
失於輕浮，四面胸中積聚
填塞逆氣，而前後須[illegible]
浮，足底不穩，上身亦不
則不會下，腰勁膝勁，
底底逆不起來，不能前
無力，外物皆能推倒我也，
呼應，此來上起下應相
回視前方，耳聽身後，

第六十四式　摆脚

向前转半身，摆脚，与前排脚相呼应。此承上启下处相机式不同，中间一样。

节解

顶劲，目视前方，耳听身后。沉肘，压肩。左手落右乳，意形外撑。右手在后与肩平，肱微屈。身要直。左膝微屈而合之。腰劲下去，两胯上提，屁股微泛，合裆。右腿抬起与胯平。（图 81、图 82）

引蒙

上式跨虎。右手在上，腕似动不动，随身倒转。左手在后，渐往上去。左足往西北开一步，落西北。右足随转，落左足西北。肱伸展与肩平，手指骈住，左肱屈，手落右乳。右足抬起与腿根平，再去左向右横摆过去。两手向左横摆过去，打右足，足落原地。两手由左向后转一大圈，右手落胸前。左肱斜伸，与腿上下照。两手变拳，平面落住，合住劲，周身皆合。右膝屈，左腿伸，劲相同。

七言俚语

右手上托倒转躬，先卸右肱让英雄。

再使两手往左击，右足摆过夺化功。

须观善变随时，灵活在眼。

身要直，左膝微屈而合之，腰勁下去，
抬起兩膝平。引蒙 上式跨虎右
左手往後斜往上去，左足往西北開一大步落
展兩肩平，手指斜往左腿屈，手落右乳，
过去，兩手向左横摇过去，打右足，足落原
落胸前，左腿斜伸，兩腿上下贴一兩
身皆合，右膝屈，左腿伸，勁相同。
先即右腿護莫離，再使兩手
平式當頭砲 此式名辭，兩摇脚，手兩
向面前用拳，势于人故名 節解
眼神貫注左拳，耳听身後，沉肘、
合空、空洞洞，萬象森然，極虛中身
下向後大轉一圈，拳落胸前，右拳
合住勁，上下左右皆能相顧而不失者，
寧乎内心者，謂道心，即理心也。然
即陰陽五行也，然氣非理無以宰，
不相離而相附，此太極根，無極者
生於心，待其稍有知識而理氣在人
内發，或外感而意思生也，當其未
發生，某意識乎其微，而陰陽之理存乎其中，復其自然之機，即心樣形，仍在人心中，即中庸所謂未

兩膝上提，屁股微注，合膝右腿
手在上，腿似動不動，隨身倒轉，
西北，右足隨轉，落左足西北，腿伸
右足抬起，右腿平，再去左向右摇
把，兩手由左向後轉一大圈，右手
手變拳，平面落注，合住勁周
七言俚語 右手上托，倒轉躬，
往左去，右足摇过，尊化功，
合成周精合勁成式當頭砲者，
頂勁領好，下通長發，身之屈健，
壓肩，兩拳相对，合住勁，胸向前
自一處不合。引蒙 兩手由上往
順轉，右手倒轉，腿隨手轉，勁相同。
太極拳推原理解 人之一身，心為主
理，中能匡者，謂之氣，其氣，
而理非氣無以行，故理兩氣
然也。天之生人，即以此理此氣
心者，渾然無迹象，然心中或由
生，渾渾沌沌，一無所有，及其將

式用不一而为之。

图 81 摆脚（一）

图 82 摆脚（二）

须观善变随时，灵活在眼。

第六十五式　当头炮

此成式名辞与摆脚主动合成，周转合劲成式。当头炮者，向面前用拳击人，故名。

节解

顶劲领好，下通长强，身之关键。眼神贯注左拳。耳听身后。沉肘，压肩，两拳相对合住劲，胸向前合。空空洞洞，万象皆涵，极虚。周身无一处不合。（图 83）

图 83 当头炮

引蒙

两手由上往下向后大转一圈，拳落胸前。左手顺转，右手倒转。腿随手转，左右劲相同。合住劲，上下左右皆能相顾而不失者。

太极拳推原理解

人之一身，以心为主宰乎。肉心者，谓道心，即理心也。然理中能运者，谓之气。其气即阴阳五行也。然气非理无以宰，而理非气无以行，故理与气不相离而相附。此太极根，无极者然也。天之生人，即以此理、此气生于心，待其稍有知识，而理气在人心者，浑然无迹象。然心中或由内发，或外感，而意思生也。当其未生，混混沌沌，一无所有。及其将发生其意，微乎其微，而阴阳之理存在其中。顺其自然之机，即心构形，仍在人心中，即中庸。所谓之未发，而心中所构之形呈之于外，或前、或后，或左、或右，或偏、或正，全体身法，无不具备。当其未发，构形之时看其意，像什么形，即以什么命名，亦随意拾取。初无成心，是时即形命名之谓也。每着之中，五官百骸，顺其自然之式，而阴阳五行之气运乎其中。所谓动则生阳，静则生阴。一动一静，互谓其根。此所谓阴中有阳，阳中有阴。此即之本然也。此言太极之言，不胜其言。凡举一，再思而行。

七言俚语

掤捋挤捺须认真，引进落空任人侵。

周身相随人难进，四两能擒八千斤。

重录时在一九五九年六月二十一日，成本在宝鸡市斗鸡区（即金台区）李家崖营业部门合作商店分销店。

陈金鳌，年六十岁，现居韩家崖十六号。原籍河南温县陈家沟人氏。

老朽年纪花甲人，浪费笔墨我为谁？

如遇识者作画看，或燃一火化成灰。

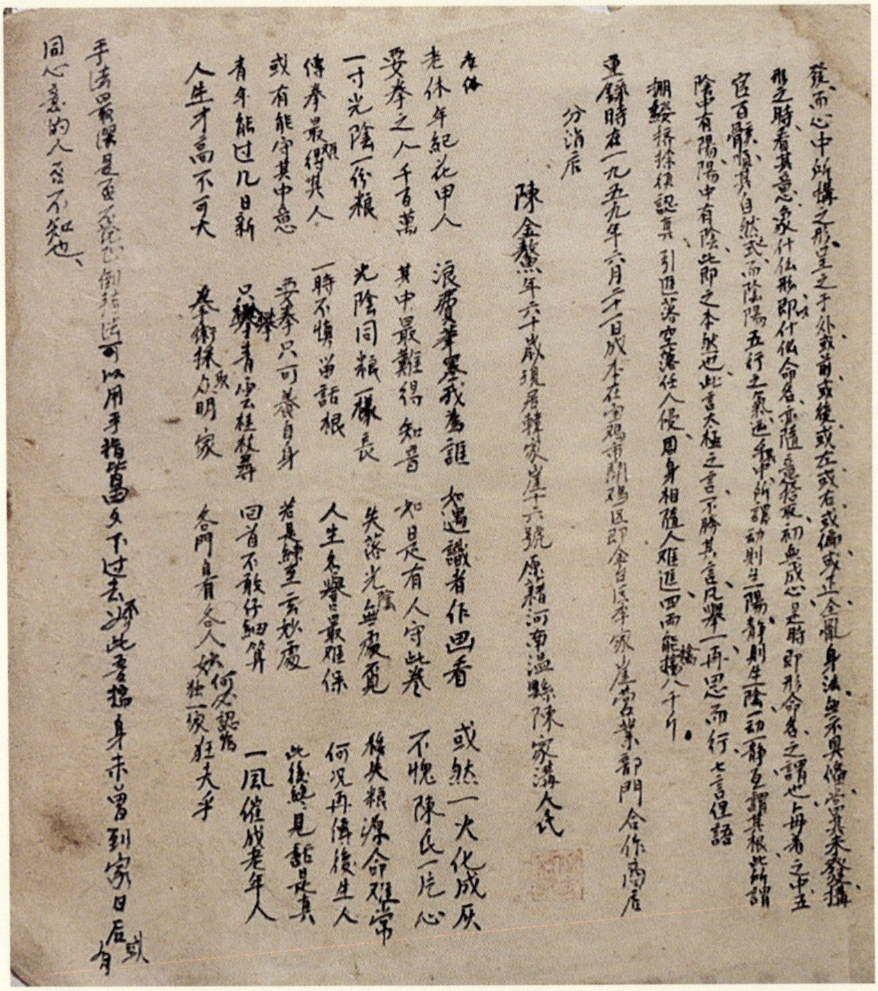
發而心中所構之形呈之于外、或前、或後、或左、或右、或偏、或正、全凴身法、無不具備、當其未發攝形之時、看其意象什么形即什么命名、亦隨意攝取、初無成心、是時即形命名之謂也、無有之中五官百骸、順其自然式、而陰陽五行之氣運乎中、所謂動則生陽、靜則生陰、一動一靜互爲其根、此所謂陰中有陽、陽中有陰、此即之本然也、此言太極之言、不勝其言、凡學一再思而行、七言俚語

掤綏擠捺須認真、引進落空任人侵、周身相隨人難進、四兩能撥八千斤。

重録時在一九五九年六月二十一日成本在宝鷄市郎鷄区即金台区李家崖營業部門合作商店分銷店

陳金鰲年六十歲 現居韓家崖十六號 原籍河南温縣陳家溝人氏

存体

老休年紀花甲人　浪費筆墨我爲誰　如遇識者作畫看　或然一火化成灰

要拳之人千百萬　其中最難得知音　如是有人守此卷　不愧陳氏一片心

一寸光陰一份粮　光陰同粮一様長　失落光陰無處覓　糧失粮源命難常

傳拳最傳其人　一時不慎留話根　人生名譽最难保　何況再傳後生人

或有能守其中意　要拳只可養自身　若是練至玄妙處　此後與見話是真

青年能过几日新　只練拳青雲柱杖壽　回首不敢仔細算　一風催成老年人

人生才高不可大　拳術採取明家　各門自有各人妙　何必認為獨一家狂夫乎

手法最深是反背扣倒拍法可以用手指皆是文不過去　此書搞身未曾到家日后或有同心意的人否不知也、

耍拳之人千百万，其中最难得知音。

如是有人守此卷，不愧陈氏一片心。

一寸光阴一份粮，光阴同粮一样长。

失落光阴无处觅，遗失粮源命难长。

传拳最难得其人，一时不慎留话根。

人生名誉最难保，何况再传后生人。

或有能守其中意，耍拳只可养自身。

若是练至玄妙处，此后才见话是真。

青年能过几日新？只攀青云桂枝寻。

回首不敢仔细算，一风催成老年人。

人生才高不可大，拳术采取众明家。

各门自有各门妙，何必认为独一家？

狂夫乎！

手法最深，是否不论正倒转法可以用，手指皆由膝下过去。不如此，吾揣身未曾到家。日后或有同心意的人否？不知也。

我身无处非太极，无心化成如珠圈。

附录

陈凤英太极拳六十四式全图

（注：此处附陈金鳌之侄女陈凤英演练的陈式太极拳六十四式拳照，供读者参考学习。部分拳式名称与前文手抄本中的名称略有出入，特此说明。）

金刚捣碓（一）

金刚捣碓（二）

金刚捣碓（三）

其劲在肌肤，谓之缠丝。

金刚捣碓（四）

金刚捣碓（五）

揽擦衣（一）

揽擦衣（二）

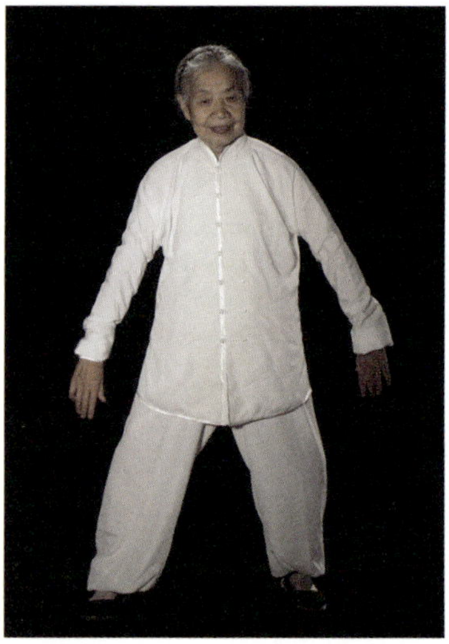

单鞭（一）

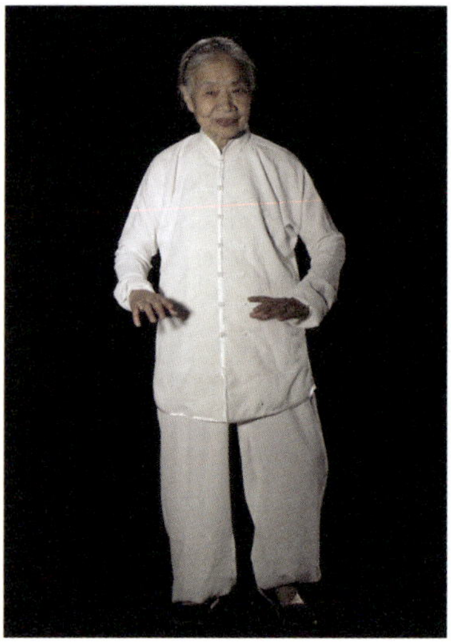

单鞭（二）

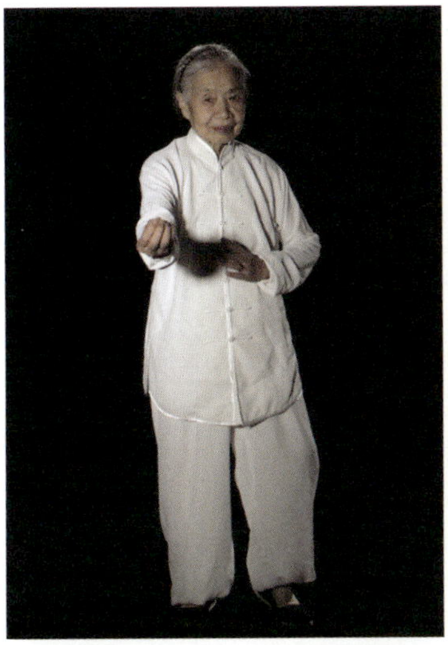

单鞭（三）

单鞭（四）

金刚捣碓（一）

金刚捣碓（二）

金刚捣碓（三）

白鹤亮翅

我身无处非太极，无心化成如珠圆。

其劲在肌肤，谓之缠丝。

搂膝拗步（一）

搂膝拗步（二）

初收（一）

初收（二）

斜行拗步（一）

斜行拗步（二）

再收（一）

再收（二）

前堂拗步（一）

前堂拗步（二）

前堂拗步（三）

掩手捶

我身无处非太极，无心化成如珠圆。

其劲在肌肤，谓之缠丝。

●金刚捣碓（一）

●金刚捣碓（二）

●撇身捶（一）

●撇身捶（二）

●撇身捶（三）

●背折靠（一）

背折靠（二）

肘底看拳（一）

肘底看拳（二）

肘底看拳（三）

倒卷红（一）

倒卷红（二）

我身无处非太极，无心化成如珠圆。

其劲在肌肤，谓之缠丝。

中白鹤亮翅

搂膝拗步（一）

搂膝拗步（二）

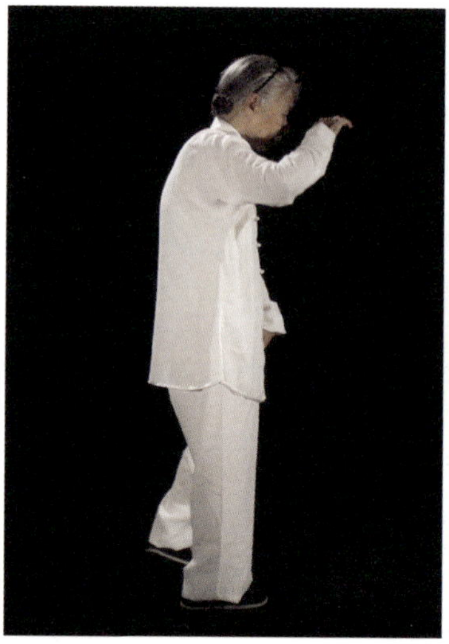

闪通背（一）

闪通背（二）

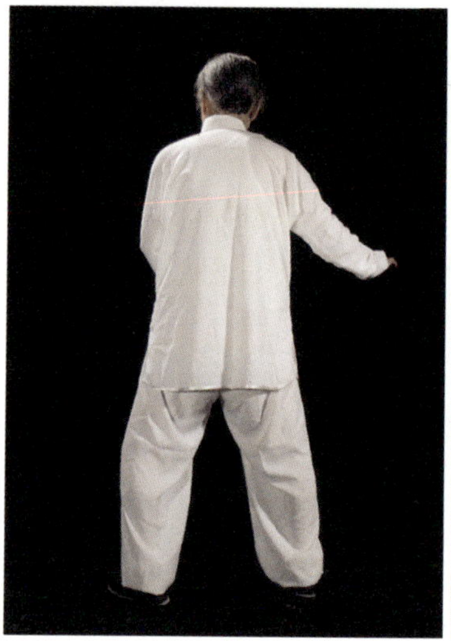

掩手捶（一）

掩手捶（二）

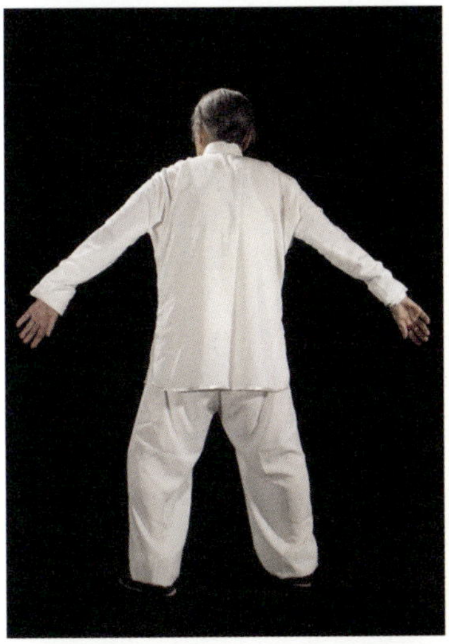

揽擦衣（一）

揽擦衣（二）

揽擦衣（三）

单鞭（一）

单鞭（二）

我身无处非太极，无心化成如珠圆。

其劲在肌肤，谓之缠丝。

运手（一）

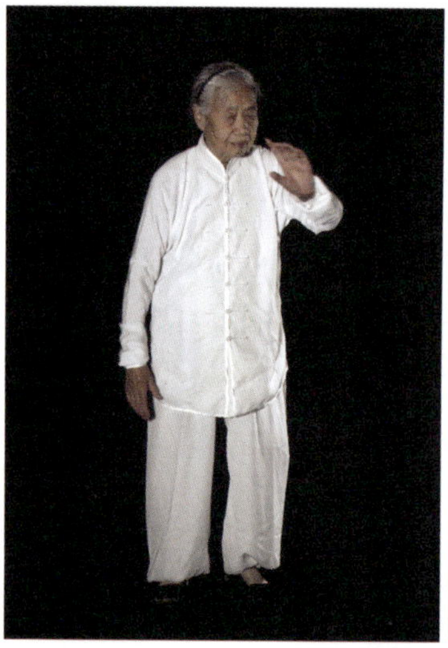

运手（二）

高探马（一）

高探马（二）

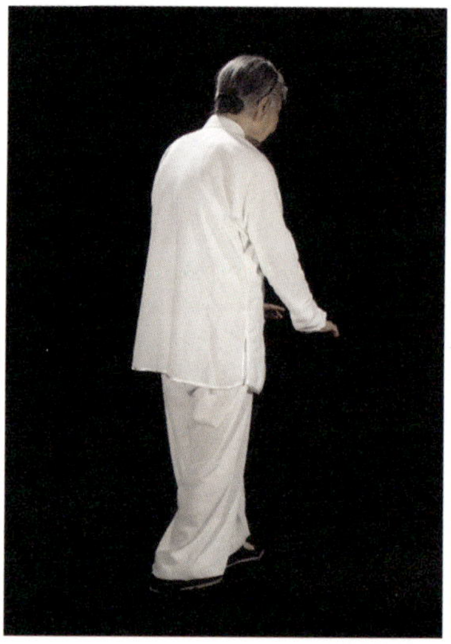

右擦脚（一）

右擦脚（二）

● 中单鞭（二）

● 击地捶（一）

● 击地捶（二）

● 左擦脚（一）

● 左擦脚（二）

● 中单鞭（一）

我身无处非太极，无心化成如珠圆。

兽头式

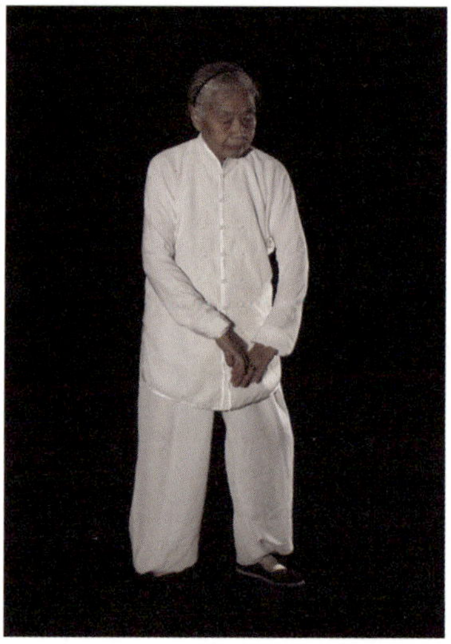
踢脚（一）

踢脚（二）

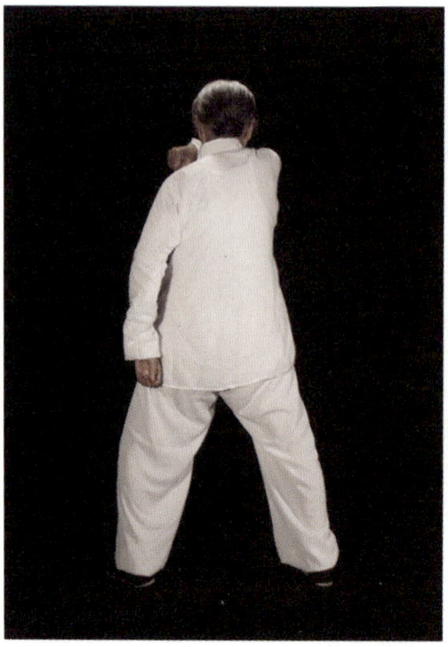
二踢起（一）

二踢起（二）

二踢起（三）

其劲在肌肤，谓之缠丝。

蹬一根（一）

蹬一根（二）

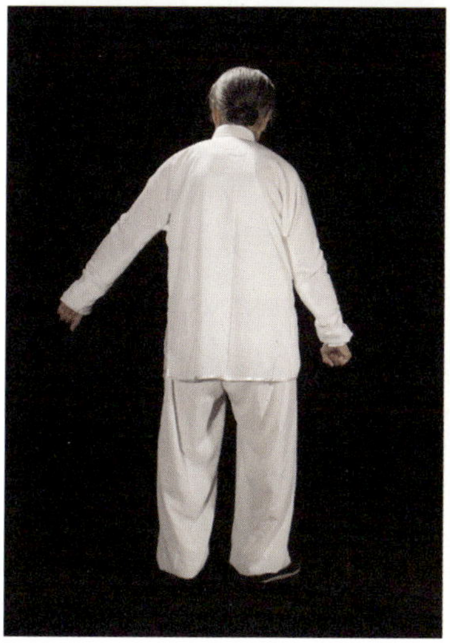

掩手捶（一）

掩手捶（二）

小擒拿

抱头推山（一）

其劲在肌肤，谓之缠丝。

抱头推山（二）

单鞭（一）

单鞭（二）

前招

后招

野马分鬃（一）

野马分鬃（二）

单鞭

玉女穿梭（一）

玉女穿梭（二）

玉女穿梭（三）

揽擦衣

我身无处非太极，无心化成如珠圆。

单鞭（一）

单鞭（二）

中运手（一）

中运手（二）

摆脚（一）

摆脚（二）

跌岔（一）

跌岔（二）

锦鸡独立

朝天蹬

倒卷红（一）

倒卷红（二）

我身无处非太极，无心化成如珠圆。

白鹤亮翅（一）

白鹤亮翅（二）

搂膝拗步（一）

搂膝拗步（二）

闪通背（一）

闪通背（二）

揽擦衣（一）

揽擦衣（二）

揽擦衣（三）

掩手捶（一）

掩手捶（二）

掩手捶（三）

我身无处非太极，无心化成如珠圆。

其劲在肌肤，谓之缠丝。

揽擦衣（四）

单鞭（一）

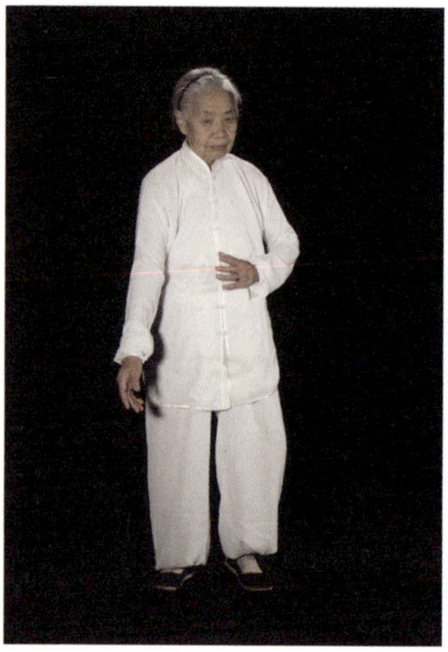

单鞭（二）

单鞭（三）

运手（一）

运手（二）

高探马（一）

高探马（二）

高探马（三）

十字脚（一）

十字脚（二）

指裆捶（一）

我身无处非太极，无心化成如珠圆。

其劲在肌肤，谓之缠丝。

指裆捶（二）

指裆捶（三）

单鞭（一）

单鞭（二）

单鞭（三）

单鞭（四）

上步七星（一）

上步七星（二）

上步七星（三）

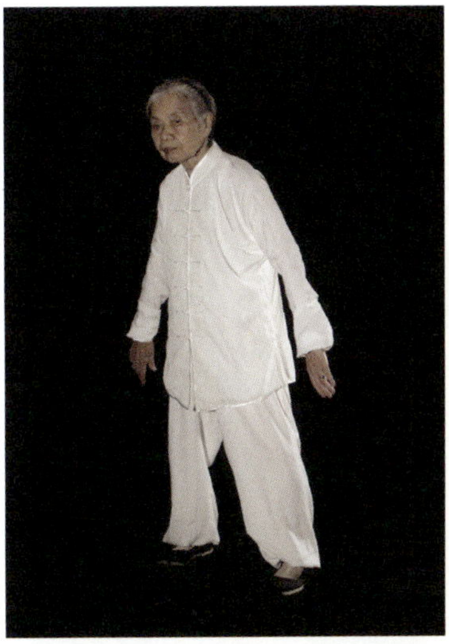
退步跨虎

摆脚当头炮（一）

摆脚当头炮（二）

我身无处非太极，无心化成如珠圆。

摆脚当头炮（三）

摆脚当头炮（四）

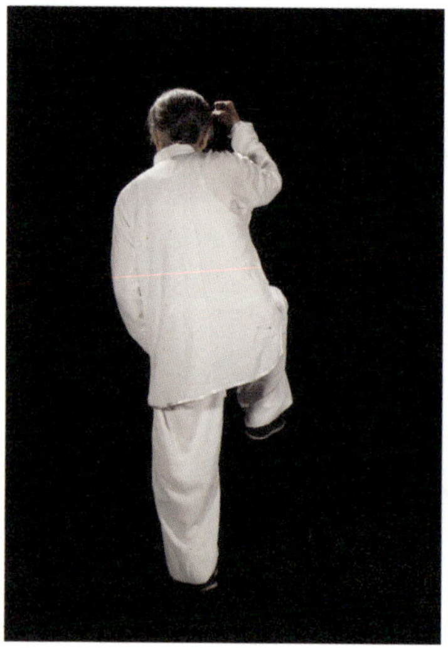

金刚捣碓收势（一）

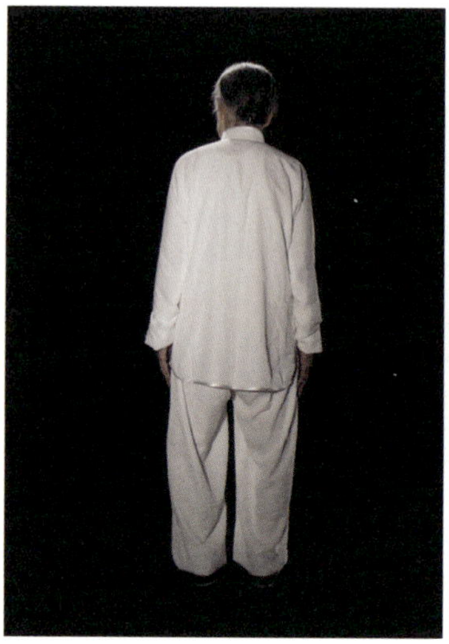

金刚捣碓收势（二）

人文武术精品书系
北京科学技术出版社

武学名家典籍丛书

杨澄甫武学辑注 《太极拳使用法》《太极拳体用全书》	杨澄甫　著 邵奇青　校注
孙禄堂武学集注 《形意拳学》《八卦拳学》《太极拳学》 《八卦剑学》《拳意述真》	孙禄堂　著 孙婉容　校注
陈微明武学辑注 《太极拳术》《太极剑》《太极答问》	陈微明　著 二水居士　校注
薛颠武学辑注 《形意拳术讲义上编》《形意拳术讲义下编》 《象形拳法真诠》《灵空禅师点穴秘诀》	薛颠　著 王银辉　校注
陈鑫陈氏太极拳图说（配光盘）	陈鑫　著　陈东山　陈晓龙　陈向武　校注
李存义武学辑注 《岳氏意拳五行精义》 《岳氏意拳十二形精义》《三十六剑谱》	李存义　著 阎伯群　李洪钟　校注
董英杰太极拳释义	董英杰　著　　杨志英　校注
刘殿琛形意拳术抉微	刘殿琛　著　　王银辉　校注
李剑秋形意拳术	李剑秋　著　　王银辉　校注
许禹生武学辑注 《太极拳势图解》 《陈氏太极拳第五路·少林十二式》	许禹生　著 唐才良　校注
张占魁形意武术教科书	张占魁　著　王银辉　吴占良　校注
王茂斋太极功	季培刚　辑校
太极拳正宗	杜元化　著　王海洲　点校
太极拳图谱（光绪戊申陈鑫抄本）	陈鑫　著　王海洲　藏
陈金鳌传陈式太极拳暨手抄陈鑫老谱	陈金鳌　编著　陈凤英　辛爱民　收藏 吴颖锋　薛奇英　点校
黄元秀武学辑录 《太极要义》《武当剑法大要》 《武术丛谈续编》	黄元秀　编著 崔虎刚　点校

武学古籍新注丛书

王宗岳太极拳论	李亦畬　著　二水居士　校注
太极功源流支派论	宋书铭　著　二水居士　校注
太极法说	二水居士　校注
手战之道	赵晔　沈一贯　唐顺之　何良臣　戚继光　黄百家　黄宗羲　著　王小兵　校注

百家功夫丛书

张策传杨班侯太极拳 108 式（配光盘）	张　喆　著　韩宝顺　整理
河南心意六合拳（配光盘）	李洳波　李建鹏　著
形意八卦拳	贾保寿　著　武大伟　整理
王映海传戴氏心意拳精要（配光盘）	王映海　口述　王喜成　主编
张鸿庆传形意拳练用法释秘	邵义会　著
华岳心意六合八法拳	张长信　著
戴氏心意拳功理秘技	王　毅　编著
传统吴氏太极拳入门诀要（配光盘）	张全亮　著
吴式太极拳八法（配光盘）	张全亮　马永兰　著
拳疗百病——39 式杨氏养生太极拳（配光盘）	戈金刚　戈美葳　著
尚济形意拳练法打法实践	马保国　马晓阳　著
非视觉太极——太极拳劲意图解	万周迎　著
轻敲太极门——太极拳理法与势法	万周迎　著
冯志强混元太极拳 48 式	冯志强　编著　冯秀芳　冯秀茜　助编
刘晚苍传内家功夫与手抄老谱	刘晚苍　刘光鼎　刘培俊　著
赵堡太极拳拳理拳法秘笈	王海洲　著
京东程式八卦掌	奎恩凤　著
功夫架——太极拳实用训练	朱利尧　著
道宗九宫八卦拳	杨树藩　著
三十七式太极拳劲意直指	张耀忠　张林　厉勇　著
说手——太极拳静思录（全四卷）	赵泽仁　张云　著
太极拳心法体用——验证与释秘	宋保年　杨光　著
宋氏形意拳及内功四经精解	车润田　著　车铭君　车强　编著
陈式太极拳第二路——炮锤	顾留馨　著
孙式太极拳心解：三十年道功修习体悟	张大辉　著
王文魁传程氏八卦掌精要	王雪松　编著

民间武学藏本丛书

守洞尘技	崔虎刚　校注
通背拳	崔虎刚　校注
心一拳术	李泰慧　著　崔虎刚　校注
少林论郭氏八翻拳	崔虎刚　校注
拳谱志三	崔虎刚　点校
少林秘诀	崔虎刚　校注
拳法总论	崔虎刚　点校
少林拳法总论	崔虎刚　点校
母子拳	崔虎刚　点校
绘像罗汉短打	升霄道人　编著　崔虎刚　点校
六合拳谱	崔虎刚　点校
单打粗论	崔虎刚　点校

拳道薪传丛书

三爷刘晚苍——刘晚苍武功传习录	刘源正　季培刚　编著
乐传太极与行功	乐　匋　原著　钟海明　马若愚　编著
慰苍先生金仁霖太极传心录	金仁霖　著
中道皇皇——梅墨生太极拳理念与心法	梅墨生　著
杨振基传太极拳内功心法	胡贯涛　著
卢式心意拳传习录	余　江　编著
习练太极拳之见闻与体悟	陈惠良　著
廉让堂太极拳传谱精解	李志红等　编著
武当叶氏太极拳	叶绍东　何基洪　蔡光復　著
无极桩阐微	蔡光復　蔡昀　著
功夫上手——传统内功太极拳拳学笔记	陈耀庭　著　霍用灵　整理
会练气养得真功	邵义会　著
八级心法——传统八极拳，现代研修法	徐　纪　著
犹忆武林人未远 ——民国武林忆旧及安慰武学遗录	安　慰　著　阎子龙　田永涛　整理

功夫探索丛书

内家拳的正确打开方式	刘　杨　著
借力——太极拳劲力图解	戴君强　著
武学内劲入门实操指导	刘永文　著
武术的科学：实战取胜的秘密	〔日〕吉福康郎　著　宋卓时　译
格斗技的科学：以弱胜强的秘密	〔日〕吉福康郎　著　宋卓时　译

格斗大师系列

伊米大师以色列格斗术	〔以〕伊米·利希滕费尔德，伊亚·雅尼洛夫　著　汤方勇　译
拳王格斗：爆炸式重拳与侵略性防守	〔美〕杰克·邓普西　著　史旭光　译

老谱辨析丛书

马国兴释读杨氏老谱三十二目	马国兴　注释　崔虎刚　整理
马国兴释读太极拳论	马国兴　注释　崔虎刚　整理
马国兴释读浑元剑经	马国兴　注释　崔虎刚　整理